SPA
초단기
트레이닝

SPA 초단기 트레이닝

초판 인쇄일 2017년 3월 20일
초판 발행일 2017년 3월 27일

지은이 Sarah Kim, Yeriel Jung
발행인 박정모
등록번호 제9-295호
발행처 도서출판 혜지원
주소 (10881) 경기도 파주시 회동길 445-4(문발동 638) 302호
전화 031) 955-9221~5 **팩스** 031) 955-9220
홈페이지 www.hyejiwon.co.kr

기획·진행 김형진
디자인 김성혜
영업마케팅 김남권, 황대일, 서지영
ISBN 978-89-8379-926-5
정가 18,000원

이 도서의 국립중앙도서관 출판시도서목록(CIP)은 서지정보유통지원시스템 홈페이지(http://seoji.nl.go.kr)와
국가자료공동목록시스템(http://www.nl.go.kr/kolisnet)에서 이용하실 수 있습니다.(CIP제어번호: CIP2017003866)

SPA 초단기 트레이닝

혜지원

Preface
머리말

영어 말하기 시험에서 가장 어려운 점은 준비한 답변을 할 수 없다는 것입니다. 혹자는 시험의 특성상 예측할 수 있는 범위 내에서 답변을 미리 만들고 암기하면 고득점을 받을 수 있다고 합니다.

대면 인터뷰 형식의 SPA 시험은 짜맞추어진 답변이 아닌, 다양한 주제에 대해 영어로 자연스러운 대화를 하는 능력을 평가하는데 시험의 목적이 있습니다. 다만, 출제되는 범위와 주제가 방대하여, 기존의 말하기 시험처럼 예상답변을 작성하여 암기하는 전략으로는 고득점 공략이 어렵습니다.

이 책은 답변을 체계적으로 답하는 전략을 연습하도록 되어 있습니다. 최신 기출문제를 분석하여 주제별·유형별로 나누고, 해당 유형에서 논리적인 답변을 하도록 답안을 구성해 나가는 단계를 연습하도록 구성했습니다. 또한, 유형마다 세련된 어휘사용 능력, 풍부한 표현 능력, 논리적인 문장 구성 능력, 유창한 언어구사 능력을 두루 보여줄 수 있는 문장들이 사용된 모범답안을 제시하고 있습니다.

영어공부에 지름길은 없습니다. 반복학습과 암기가 필요한 것도 사실입니다. 다만, 이 책을 통해 단순 암기가 아닌 새로운 영어 말하기 시험 준비 방법을 터득하여, 효율적인 SPA 시험 준비뿐 아니라, 전반적인 영어 실력 향상에도 도움이 되기를 바랍니다.

저자 *Sarah Kim*

Introduction of SPA
SPA 시험 소개

SPA 시험이란?

SPA 시험은 Speaking Proficiency Assessment General Test로 현대·기아 그룹에서 주로 실시하고 있는 영어 말하기 시험입니다. 일상생활에서부터 비즈니스 현장에서 사용되는 영어능력을 평가하는 실무 중심형 영어구술능력 평가시험으로, 토익스피킹이나 오픽과 같은 컴퓨터를 기반으로 하는 영어 말하기 시험과 달리, 실제 면접관이 진행하는 대면 인터뷰 방식의 영어구술능력 평가입니다. 2명 이상의 면접관은 질문에 대한 답변 이외에도 답변과 관련한 다양한 추가 질문을 이어서 묻기 때문에, 실제 대화와 같은 현장감이 많이 반영되어, 보다 자연스러운 영어 사용 환경 속에서 자신의 영어구술능력을 발휘할 수 있는 시험이라 하겠습니다.

SPA 시험의 특징

❶ 인터뷰 형식의 자연스러운 대화로 진행된다.
면접관과 대화를 나누는 방식이므로 컴퓨터를 통해 진행되는 평가방식과 달리 실생활 속에서 사용되는 영어를 그대로 사용하고 평가받을 수 있습니다.

❷ 답변 시간 조절이 가능하다.
전체 시험 시간은 총 10분이 주어지지만, 각 문항에 대한 답변 시간은 응시자가 적절히 이용할 수 있습니다. 한 파트에 약 2분의 시간이 주어지는 꼴이므로 한 문제에 너무 긴 답변을 하려고 노력할 필요는 없습니다.

❸ 문제를 다시 요청할 수 있다.
실제 대화를 나누는 방식의 시험이기 때문에 문제를 놓치거나 이해하지 못했을 경우 다시 질문해 줄 것을 자연스럽게 요청할 수 있습니다. 단, 답변 시간이 충분하지 않을 수 있으므로 자주 요청하는 것을 추천하지는 않습니다.

응시자는 대기실에 대기하고 있다가 시험시간이 되면 면접실로 이동합니다.

면접실에는 전문평가위원(Native) 및 평가관리위원(Supervisor)으로 구성된 면접관들이 미리 인터뷰를 준비하고 있습니다. 전문평가위원은 원어민, 평가관리위원은 원어민 수준의 한국인이며, 주로 질문은 전문평가위원이 하며 평가관리위원은 시험 감독과 평가에 집중합니다.

평가는 현장에서 전문평가위원과 평가관리위원 모두 하지만, 보다 객관적인 평가를 위해 비디오 판독으로 2차 평가를 실시합니다. 이를 위해 시험의 전 과정은 모두 비디오 녹화가 이루어집니다.

스크립트 분석 및 최종평가를 거친 후 평가는 완료됩니다. 최종 평가를 반영한 성적표가 발급되며, 성적표에는 전체 레벨을 포함하여 각 영역에서 받은 점수와 능력 기술이 자세하게 명시되어 있습니다.

평가 영역

영어 사용능력을 종합적으로 평가하기 위해 발음, 청취력과 답변 능력, 어휘사용 능력, 문장구성 능력, 언어구사 능력, 총 5가지 영역으로 평가하며, 96점 만점으로 환산하게 됩니다.

Pronunciation
(발음)

- 정확한 억양
- 자연스러운 발화 속도

- 긴 지문을 듣고 요약함
- 관련 문제에 대한 답변의 정확성

L/C & Response
(청취력과 답변 능력)

Vocabulary
(어휘사용 능력)

- 어휘 사용의 정확성
- 상급 단어와 표현 사용

- 정확한 품사 사용
- 시제 사용의 정확성과 일관성
- 문장 구성과 문법의 정확성
- 다양한 문장 구조 사용
- 연결어 사용

Grammar & Structure
(문장구성 능력)

Overall Fluency
(언어구사 능력)

- 의사전달 이해력
- 논리적 흐름이 반영된 명확한 응답
- 자유로운 의사표현
- 자신감과 침착성

영역	채점기준	점수
발음 (Pronunciation)	- 영어다운 억양을 위해 문장 내에서 내용어에 강세를 두어 발음하는지? - 자연스러운 발음을 하되, 연음과 끊어읽기가 명확한지?	12점
청취력과 답변 능력 (L/C & Response)	- 긴 지문의 흐름과 주제를 정확하게 파악했는지? - 질문과 관련한 답변을 명확하게 했는지?	36점
어휘사용 능력 (Vocabulary)	- 문맥에 적절한 어휘사용으로 의미를 전달했는지? - 수준 높은 단어를 사용했는지?	12점
문장구성 능력 (Grammar & Structure)	- 문장에서 품사를 정확하게 사용했는지? - 동사의 시제 사용에 있어 정확성과 일관성이 유지되는지? - 다양한 문장 구조를 문법에 정확하게 사용했는지? - 다양한 연결어를 자연스럽게 사용했는지?	24점
언어구사 능력 (Overall Fluency)	- 답변에 논리적 흐름이 명확하게 드러나는지? - 생각과 의견 표현이 자연스러운지? - 자신감 있는 태도로 영어를 구사하는지?	12점

SPA 시험은 크게 7단계로 구성되어 있으며, 각 레벨에 따라 점수 폭이 큰 것이 특징입니다.

Level	Range	Ability
Basic Level 1	0~15	영어로 의사소통이 불가능하여 레벨로 표시하기 어려운 단계
Low Intermediate Level 2	16~24	간단한 육하원칙 질문에 대해 단어나 짧은 구문으로 대답이 가능한 단계
Intermediate Level 3	25~34	기본적인 생각은 표현할 수 있으나, 의견이나 주장을 충분히 뒷받침하지 못하며 발음과 문법 오류가 잦은 단계
Upper Intermediate Level 4	35~49	일반적인 주제나 친숙한 주제에 대한 대화가 가능하며, 문법적인 오류가 가끔 나타나는 단계
Low Business Level 5	50~64	다양한 상황에 대한 생각과 의견 표현이 가능한 단계
Business Level 6	65~74	다양한 상황에 대한 생각과 의견을 정교하게 설명할 수 있는 단계
Advanced Level 7	75~84	원어민에 가까운 언어구사력을 보이며, 영어구사에 전혀 어려움이 없는 단계
Native Level 8	85~96	원어민 및 영어가 모국어인 교포 수준의 영어구사로 영어 사용에 자유로움을 보여주는 단계

❶ 문제 유형 파악

문제 유형은 크게 4가지로 나누어집니다. 짧은 단답형, 의견이나 생각을 말하는 진술형, 들은 내용을 요약하는 유형과 표나 사진을 묘사하는 유형입니다. 각 유형마다 평가하는 영역이 다르므로, 영역별로 평가 목적을 분명히 숙지하고 유형을 파악해야 면접관이 원하는 답변을 할 수 있습니다.

❷ 시험 전략 세우기

1) 레벨 파악

자신의 레벨을 파악하여 답변의 길이와 범위를 정합니다. 아주 짧은 단문을 제외하고 문법적인 오류를 포함하여 5~6개의 문장을 막힘 없이 말할 수 있다면 초급, 10~12개의 답변으로 자연스럽게 구성할 수 있으면 중급으로 봅니다. 따라서 다음의 예문으로 자신의 레벨을 파악해봅니다.

ex Do you think computer helps our society?

당신은 컴퓨터가 우리 사회에 도움을 준다고 생각하나요?

2) 답변의 범위 설정

레벨에 따라 답변을 어느 정도까지 확장할지 결정하고, 어떤 수준의 어휘를 사용할지 정하여 답변을 작성하는 연습을 해봅니다. 무리하게 답변을 길게 하려는 경우 답변의 논리를 흐트러트리거나 요지를 잃는 경우가 있으므로, 질문에서 원하는 답변을 중심으로 표현할 수 있는 범위를 정하여 답하는 연습을 해야 점수를 획득할 수 있습니다.

3) 답변 공식 세우기

일상생활에서부터 비즈니스 상황까지 출제 범위가 다양하기 때문에 주제별로 시험을 준비하는 것은 불가능합니다. 또한, 시험이라는 특성 상 고득점을 받을 수 있는 포인트들이 답변에 담겨 있어야 하므로, 이러한 요소들이 포함된 답변 공식으로 연습합니다. 무턱대고 아는 내용을 다 말하는 식의 답변 보다는 논리적인 흐름에 따라 답변의 구조를 세우는 것이 중요합니다. 어떤 주제의 문제가 나오더라도 답변을 할 수 있도록 문제 유형에 따라 답변 공식을 학습하고, 주제별 어휘를 정리하여 표현력을 더해가는 식으로 학습합니다.

Contents
목차

Personal Questions

개인적인 질문

[출제 경향]

1~2문장으로 이루어진 단문형태의 질문을 통해 정확한 어휘 사용 및 문장 구성 능력을 평가하는 PART입니다. 문제에서 물어보는 것이 무엇인지 빨리 파악하여, 요구하는 정보를 정확하게 언급하는 것이 중요합니다. 대답해야 하는 정보만 담아 짧은 답안으로 대답을 마칠 수는 있지만, 왜 그러한 정보를 대답하게 되었는지 배경설명을 주어 다음에 따라 나올 수 있는 추가 질문에 대한 준비를 하는 것도 SPA 시험을 위한 전략입니다. 어휘의 의미를 정확하게 파악한 뒤, 다양한 문장을 통해 활용하는 법을 확인하며, 말하기 시험에서 자주 등장하는 문법 중심으로 정리하여 실수로 인해 감점을 받는 일이 없도록 합니다.

[공략법]

❶ 묻고자 하는 정보를 먼저 답하라.

단문으로 짧은 답안이 주를 이루는 PART 1은 출제자가 원하는 정보를 정확하게 주는 것이 관건입니다. 항상 서두에 Wh-Question에 대한 답을 먼저 언급하면서 답안을 하기 시작하는 것이 임팩트 있는 답변을 하는 전략입니다.

❷ 핵심정보 1가지만 묘사하라.

PART 1에서 출제되는 문제는 복잡하고 추상적이지 않습니다. 많은 정보를 나열하고 설명하면 시간 분배에 실패할 확률이 높으므로, 필요한 핵심정보 1가지를 묘사하여 정확한 어휘사용 능력과 표현 구사 능력을 보여주는 것을 목표로 합니다.

❸ 추가설명을 잊지 말자.

면대면 인터뷰 형식 SPA 시험의 가장 큰 특징 중 하나는 응시자의 답변에 따라 추가질문이 결정된다는 점입니다. 특히, 처음 답변에서 충분한 정보가 주어지지 않으면, 왜 그러한 답변을 하게 되었는지 Why?라는 질문이 반드시 따라나오므로 단답형이라도 충분한 추가설명이 포함된 답안으로 연습해야 합니다. 충분한 추가설명이 들어간 답변 후에는 고득점을 위한 문제가 이어지기 때문입니다.

Myself 자기소개

출제 경향 파악하기

시험이 시작되기 전에 이루어졌던 간단한 자기소개를 제외한 나와 관련된 모든 주제들이 출제될 수 있습니다. 취미나 여가활동, 하루일과 등의 간단한 질문부터 높은 레벨로 갈수록 인생목표, 삶의 철학, 은퇴 후 계획 등 심오한 주제가 출제되고 있습니다.

자기 자신과 관련한 여러 가지 정보를 장황하게 늘어놓는 대답보다는, 삶의 철학과 같은 심오한 질문이라도 1가지 정보를 정확하고 의미 있는 문장으로 묘사하는 것이 더 중요합니다. 자기 자신에 관한 질문은 다른 주제들에 비해 가볍게 시작하는 느낌으로 답변의 길이보다 답변을 구성하는 정보 1가지를 구체적으로 묘사한다는 생각으로 연습을 하면 됩니다.

기출문제 살펴보기

- **When** 언제   ❶ **When do you tell a white lie?**
  당신은 언제 선의의 거짓말을 하나요?

- **What** 무엇   ❷ **What is your major goal in life?**
  삶의 목표가 무엇인가요?

- **How** 어떻게   ❸ **How are you preparing for your retirement?**
  어떻게 은퇴를 준비하고 있나요?

면접관의 마음 훔치기

공략 Step 1 묻고자 하는 정보를 먼저 답하라.

영어에서는 새로운 정보가 나오면 항상 문장 맨 끝에 위치합니다. 따라서, Wh-Question에 대한 답변을 할 때는 질문의 문장을 그대로 활용하여 기본적으로 의문문을 그대로 평서문으로 바꾸어 줍니다. 질문에서 언급되었던 내용을 가능하면 문장 앞에 배치하고, 질문의 답이 되는 새로운 정보를 문장 끝에 배치합니다.

Example ❶ 🔊 MP3 01-01

Q When do you tell a white lie? 당신은 언제 선의의 거짓말을 하나요?

A I tell a white lie **when I want to make others happy**.
저는 사람들을 행복하게 하기 위해 선의의 거짓말을 합니다.

- white lie 선의의 거짓말

Example ❷ 🔊 MP3 01-02

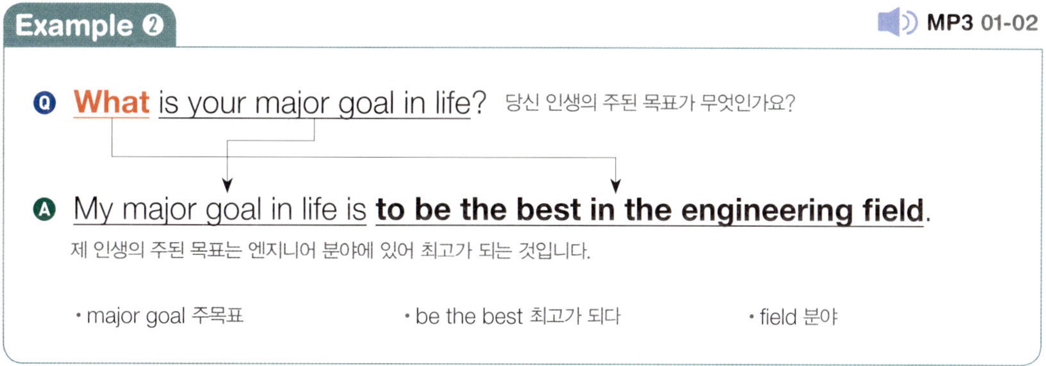

Q What is your major goal in life? 당신 인생의 주된 목표가 무엇인가요?

A My major goal in life is **to be the best in the engineering field**.
제 인생의 주된 목표는 엔지니어 분야에 있어 최고가 되는 것입니다.

- major goal 주목표
- be the best 최고가 되다
- field 분야

Example ❸ 🔊 MP3 01-03

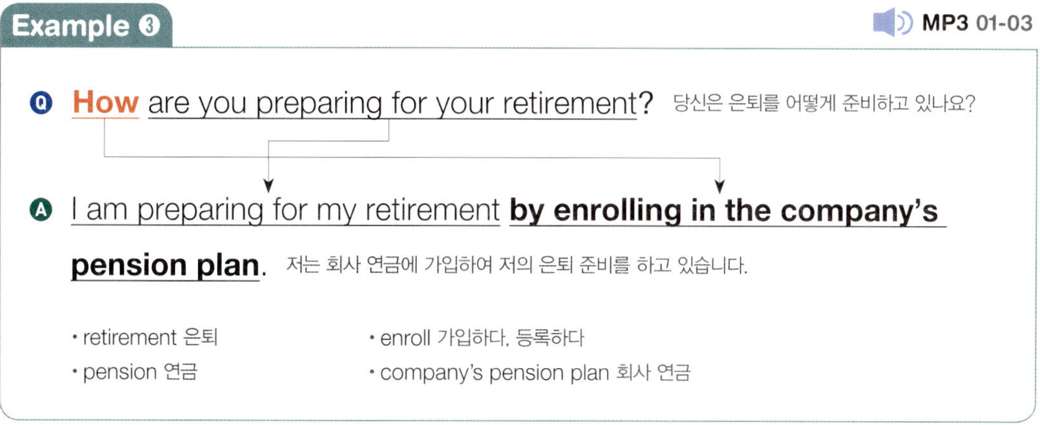

Q How are you preparing for your retirement? 당신은 은퇴를 어떻게 준비하고 있나요?

A I am preparing for my retirement **by enrolling in the company's pension plan**. 저는 회사 연금에 가입하여 저의 은퇴 준비를 하고 있습니다.

- retirement 은퇴
- enroll 가입하다, 등록하다
- pension 연금
- company's pension plan 회사 연금

면접관이 답변에 대해 Why?라는 추가질문을 통해 상세한 설명(elaboration)을 요구하지 않도록 추가설명을 통해 고득점을 노리면서 follow-up question을 유도합니다. 또한 너무 많은 정보를 나열하면 시간 분배에 실패하므로 핵심 정보 1가지만 자세히 묘사하면서 충분한 어휘사용 능력과 표현 능력을 보여줍니다.

Example ❶

Q When do you tell a white lie?

A [추가 설명] One day, one of my friends showed off a new dress she's recently bought. It wasn't fit well for her, but I was very generous with the compliments. She was very satisfied with that and I was also happy for her.

어느날, 제 친구 중 하나가 최근에 산 새 옷을 자랑했습니다. 그녀에게 잘 어울리지는 않았지만, 저는 칭찬을 아끼지 않았습니다. 제 친구는 매우 만족해 했고, 저 역시 그런 그녀 때문에 행복했습니다.

- show off 자랑하다
- fit 어울리는
- be generous with the compliments 칭찬을 아끼지 않다
- be satisfied with ~에 만족하다

Example ❷

Q What is your major goal in life?

A [추가 설명] As an engineer, I would like to develop one of the household appliances that makes our life way easier and more convenient. So I have been trying to keep updated on the new trend in the world.

엔지니어로서, 우리의 삶을 훨씬 쉽고 편리하게 만드는 가전제품을 개발하고 싶습니다. 그래서 전 세계의 새로운 트랜드에 관심을 가지며 업데이트 하려고 노력하고 있습니다.

- household appliance 가전제품
- keep updated 업데이트하다
- make our life easier and more convenient 우리의 삶을 더 쉽고 편리하게 만들다

Example ❸

Q How are you preparing for your retirement?

A [추가 설명] The enrollment in our company's pension plan is not mandatory, but I joined. I thought it would be the best plan for my financial status to have at this moment.

저희 회사 연금 가입은 의무는 아닙니다만, 저는 가입을 하였습니다. 지금 현재 저의 재정상태에 있어 가장 좋은 계획이라고 생각했기 때문입니다.

- prepare for ~을 준비하다
- company pension 회사 연금
- mandatory 의무적인
- financial status 재정상태

 출제될 문제 예상하기

앞에서 학습한 공략 단계에 따라 출제 가능한 문제를 살펴보고 답변 연습을 해보세요.

Question ❶   🔊 **MP3 01-07**

Who

Who is the person who has influenced you the most in your life?

인생에 있어 당신에게 가장 영향을 미친 사람은 누구인가요?

나만의 답변 만들기

모범답변

핵심 정보

The person who has influenced me most in my life is definitely my father.

제 인생에 있어 가장 영향을 미친 사람은 확실히 저의 아버지입니다.

추가 설명

I learned from him what is important and how to do the right things. So, I really respect him and think of him as my mentor. So I would say he is the person who has influenced me most in my life.

저는 중요한 것이 무엇인지와 어떻게 하는 것이 올바른 것인지를 그에게서 배웠습니다. 그래서 저는 그를 정말 존경하고 멘토로 생각합니다. 그래서 저는 제 인생에 있어 제게 가장 영향을 미친 사람을 아버지라고 말하고 싶습니다.

어휘

- influence 영향을 미치다   • definitely 분명히, 확실히   • learn from him 그에게서 배우다
- how to do the right things 어떻게 하는 것이 올바른 것인지   • respect 존경하다
- as my mentor 나의 멘토로서

When　　**When was the last time you made the best decision?**
최근에 최선의 결정을 내린 때가 언제인가요?

 나만의 답변 만들기

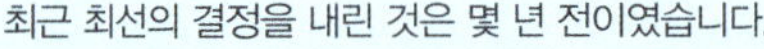

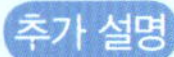 **모범답변**

핵심 정보　The last time I made a big decision was a couple of years ago.
최근 최선의 결정을 내린 것은 몇 년 전이었습니다.

추가 설명　I decided to move to a new department at my job. Moving was the right choice. I am really happy to work with my team members there. That was the last time that I made a big decision.
저는 몇 년 전에 회사에서 새로운 부서로 옮기기로 결정을 했습니다. 부서이동은 올바른 선택이었습니다. 저는 그곳에서 새로운 부서원들과 일하는 것이 정말로 행복합니다. 그것이 제가 최근에 내린 큰 결정입니다.

 **어휘**
- a couple of years ago 몇 년 전에
- move to a new department 부서를 이동하다
- make a big decision 큰 결정을 내리다
- decide 결정하다
- right choice 올바른 선택

What　　　**What** is your family motto?
당신의 가훈은 무엇인가요?

나만의 답변 만들기

모범답변

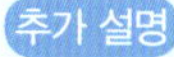

핵심 정보

My family motto is "Do Your Best".
저의 가훈은 '최선을 다하자.'입니다.

추가 설명

I think it is very important to do your best in everything. We can't get the best result every time. But, if we do our best, we can be better people and are able to learn a lot. So, my family always tries to do the best.
모든 것에 최선을 다하는 것은 매우 중요하다고 생각합니다. 우리는 매번 최고의 결과를 얻지는 못합니다. 하지만 우리가 최선을 다한다면, 더 나은 사람이 되고 많은 것을 배울 수 있습니다. 그래서 우리 가족은 항상 최선을 다합니다.

어휘

- do one's best in everything 모든 것에 최선을 다하다
- get the best result 최고의 결과를 얻다　　　· every time ~할 때마다, 번번히
- be able to learn 배울 수 있다

How | **How would you describe yourself?**

당신은 스스로를 어떻게 묘사하나요?

 나만의 답변 만들기

모범답변

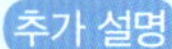 핵심 정보

I would describe myself as a hard worker.

저는 제 자신을 열심히 일하는 사람으로 묘사합니다.

추가 설명

I am very outgoing and sociable. I like to build my career and relationships at work. I always do my best and put in extra efforts to help my company and my team members. That's how I would describe myself.

저는 매우 외향적이고 사교적입니다. 저는 회사에서 저의 경력과 인맥을 쌓는 것을 좋아합니다. 저는 항상 최선을 다하고 여분의 노력을 들여 회사와 팀 구성원들을 돕습니다. 저는 제 자신을 이렇게 묘사하고 싶습니다.

어휘

- outgoing 외향적인
- build my career 경력을 쌓다
- sociable 사교적인
- put in extra efforts 추가의 노력을 하다

Work & Job 직장과 직업

UNIT 02

 ## 출제 경향 파악하기

SPA 시험에서 직장이나 직업과 관련한 문제는 현재 가지고 있는 직업이나 하고 있는 일의 성격을 묘사하는 문제부터 성과가 있었던 업무, 진행하고 있는 프로젝트, 동료들과의 협업에서 일어났던 문제 등 단답형 이상이 되어야 하는 문제들도 출제되고 있습니다.

이러한 문제를 공략하기 위해서는 본인이 담당하고 있는 업무 및 프로젝트와 관련한 어휘 및 표현정리가 반드시 필요합니다. 이때, 너무 전문적인 어휘를 사용하여 업무를 자세하게 설명하기 보다는 기본적인 정보 설명을 한 뒤, follow up question에서 하나의 사건이나 일화 중심으로 상세하게 묘사하는 것이 좋습니다.

 ## 기출문제 살펴보기

- What+명사

❶ **What advice would you give to a new employee in your company?**
회사에서 신입사원에게 어떤 조언을 주고 싶습니까?

- How+형용사

❷ **How many hours do you work a day?**
하루에 몇 시간을 일하나요?

- How+부사

❸ **How often do you go out?**
당신은 얼마나 자주 외출을 하나요?

공략 Step 1 | 주제문 언급하기

[의문사+명사/형용사/부사]로 시작하는 질문은 주로 질문을 하는 문장을 주제문으로 삼습니다. 대부분은 단순한 답변을 요구하는 문장이 아니므로, 주제문을 분명하게 먼저 언급한 뒤 설명을 덧붙이는 것이 좋습니다. Wh-Question의 형식이므로 질문을 그대로 평서문으로 바꾸어 줍니다.

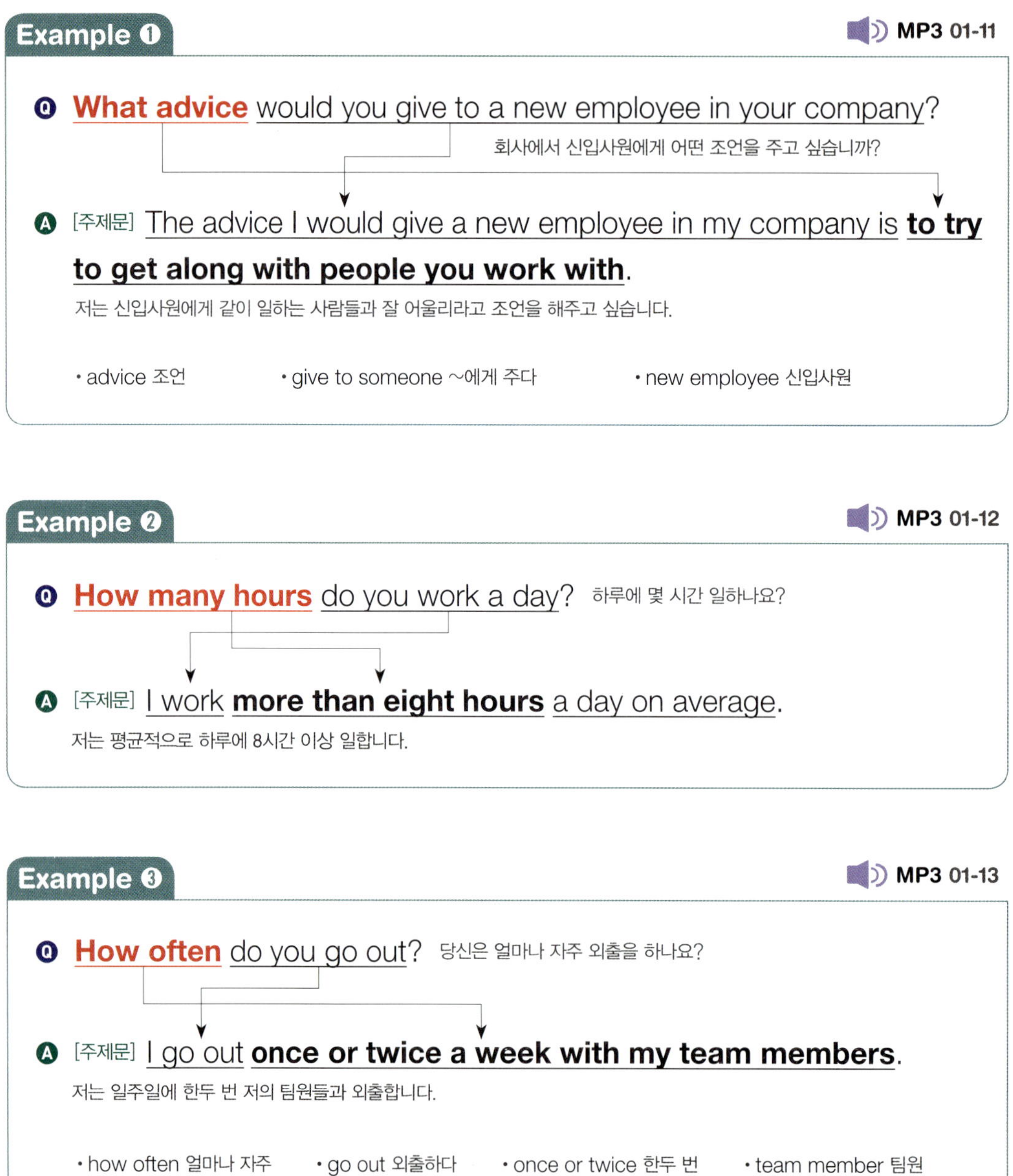

Example ❶　　　　　　　　　　　　　🔊 MP3 01-11

Q　What advice would you give to a new employee in your company?

회사에서 신입사원에게 어떤 조언을 주고 싶습니까?

A　[주제문] The advice I would give a new employee in my company is **to try to get along with people you work with**.

저는 신입사원에게 같이 일하는 사람들과 잘 어울리라고 조언을 해주고 싶습니다.

- advice 조언
- give to someone ~에게 주다
- new employee 신입사원

Example ❷　　　　　　　　　　　　　🔊 MP3 01-12

Q　How many hours do you work a day?　하루에 몇 시간 일하나요?

A　[주제문] I work **more than eight hours** a day on average.

저는 평균적으로 하루에 8시간 이상 일합니다.

Example ❸　　　　　　　　　　　　　🔊 MP3 01-13

Q　How often do you go out?　당신은 얼마나 자주 외출을 하나요?

A　[주제문] I go out **once or twice a week with my team members**.

저는 일주일에 한두 번 저의 팀원들과 외출합니다.

- how often 얼마나 자주
- go out 외출하다
- once or twice 한두 번
- team member 팀원

공략 *Step 2* 이유 or 사례 추가하여 답변 풍성하게 만들기

공략 *Step 1* 에서 언급한 주제문을 뒷받침하기 위한 설명으로 답변을 보다 풍성하게 만들 수 있습니다. 주제문으로 대답한 이유나 개인적인 경험을 사례로 들어 디테일한 답변을 만듭니다.

Example ❶

MP3 01-14

Q What advice would you give to a new employee in your company?

A [이유] I think having a good relationship is the most important thing when you work with others. That way, you can share ideas and cooperate on projects. That's the advice I would give a new employee in my company.

제 생각에 다른 사람들과 같이 일할 때 가장 중요한 것은 좋은 관계를 가지는 것입니다. 그렇게 하면 당신은 프로젝트에 협력과 아이디어 공유를 할 수 있습니다. 그것이 제가 신입사원에게 주고 싶은 조언입니다.

- get along with ~와 잘 지내다
- the most important thing 가장 중요한 일
- cooperate on projects 프로젝트에 협력하다

Example ❷

MP3 01-15

Q How many hours do you work a day?

A [사례] Because sometimes I work overtime when I work on a big project. I have lots of meetings and write many reports, so if I want to meet my deadline, I have to do overtime. That's why I often work more than 8 hours a day.

왜냐하면 큰 프로젝트를 맡았을 때 저는 가끔 초과근무를 하기 때문입니다. 많은 회의와 보고서를 써야 하기 때문에 마감에 맞추기를 원한다면 초과근무를 해야만 합니다. 그래서 저는 자주 하루에 8시간 이상씩 근무합니다.

- work on a project 프로젝트를 맡다
- have a meeting 회의를 하다
- write a report 보고서를 쓰다
- meet deadline 마감시한을 맞추다
- do overtime 초과근무를 하다

Example ❸
MP3 01-16

Q How often do you go out?

A [사례 & 이유] We usually get some dinner or drinks somewhere near the office. We catch up on our daily lives while we hang out. Sometimes there is a team dinner after work, too. So, I usually go out once or twice a week with my co-workers.

우리는 주로 사무실 주변에서 저녁을 먹거나 술을 마십니다. 시간을 보내는 동안 우리는 밀린 일상생활 이야기를 합니다. 가끔은 팀회식도 있습니다. 그래서 저는 주로 일주일에 한두 번 동료들과 외출합니다.

- get some dinner 저녁을 먹다
- get some drinks 술을 마시다
- near the office 사무실 근처에서
- catch up on our daily lives 밀린 일상생활 이야기를 하다
- team dinner 회식
- after work 퇴근 후에

 출제될 문제 예상하기

앞에서 학습한 공략 단계에 따라 출제 가능한 문제를 살펴보고 답변 연습을 해보세요.

Question ❶ 🔊 MP3 01-17

What **What are your goals? What do you want to achieve at your company?**
당신의 목표는 무엇입니까? 회사에서 성취하고 싶은 것은 무엇입니까?

나만의 답변 만들기

모범답변

 My goal at my company is to become an executive.
회사에서 제 목표는 경영진이 되는 것입니다.

 I have been working at my company for more than five years. If I want to be an executive, I need to study on my field a lot and get a lot of experience. I will keep working hard to get promoted, and eventually I hope I can play a key role as an executive someday.
저는 5년 이상 지금의 회사에서 일하고 있습니다. 만약에 제가 경영진이 되고 싶다면, 제 분야에 대한 많은 공부와 경험을 쌓을 필요가 있습니다. 저는 승진을 위해 계속 열심히 일할 것이고 끝내 언젠가는 중요한 역할을 할 수 있는 경영진이 되기를 희망합니다.

어휘

- achieve 달성하다, 성취하다
- be to become ~가 되다
- have been working 일해왔다
- work hard 열심히 일하다
- eventually 결국에는
- executive 경영진
- for more than five years 5년 이상
- get a lot of experience 많은 경험을 하다
- get promoted 승진을 하다
- someday 언젠가는

Question ❷

What+명사   **What kind of employee are you?**

당신은 어떤 직원입니까?

나만의 답변 만들기

모범답변

 **주제문**

I am a hardworking employee. I always do the best to do my job as best as I can.

저는 근면한 직원입니다. 저는 항상 제 일에 제가 할 수 있는 최선을 다합니다.

사례

Sometimes I even work overtime to get a project done on time. It can be hard and stressful, but I think it is important to give 100 percent when you work.

가끔 저는 프로젝트를 제 시간에 마치기 위해 추가근무도 합니다. 그것은 어렵고 스트레스가 많을 수 있지만 업무 시 100%로 일하는 것이 가장 중요하다고 생각합니다.

 **어휘**

- a hardworking employee 근면한 직원
- can be hard 어려울 수 있다
- It is important to ~하는 것이 중요하다
- as best as I can 내가 할 수 있는 최선으로
- stressful 스트레스가 많은

What   **What** is the best thing about working in your industry?

당신이 일하는 산업에 종사하면서 가장 좋은 점은 무엇입니까?

나만의 답변 만들기

모범답변

 The best thing about working in my industry is the professional experience.

제가 일하는 산업에서 가장 좋은 것은 전문적인 경험입니다.

 I learn new things for my career every day at work. And I often get the chance to meet people giving new information. So, that will help me to be an expert in my field.

저는 일하면서 매일 저의 경력을 위한 새로운 것들을 배웁니다. 그리고 새로운 정보를 제공할 사람들을 만날 기회가 많습니다. 그것이 이 분야에서 제가 전문가가 될 수 있도록 도와줄 것입니다.

- industry 산업
- professional experience 전문적인 경험
- get a chance to ~할 기회를 가지다
- the best thing about ~에 대해 가장 좋은 것은
- career 경력
- be an expert 전문가가 되다

What

What is your typical day at work like?

전형적인 직장의 하루 일과는 어떤가요?

나만의 답변 만들기

모범답변

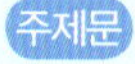

My typical day at work is very simple.

회사에서의 하루 일과는 단순합니다.

I usually get to work around 8 o'clock. I check my e-mail over coffee. Then, I have meetings or write some reports. After that, I have lunch with my co-workers at the company cafeteria. Then, in the afternoon I work on my current project or meet with customers. When I am done with everything, I go home.

저는 주로 8시경에 회사에 도착합니다. 커피를 마시면서 이메일을 확인합니다. 그리고 회의를 하거나 보고서를 작성합니다. 그리고 나서 동료들과 회사 구내식당에서 점심을 먹습니다. 그리고 오후에는 지금 맡은 프로젝트를 하거나 고객들을 만납니다. 모든 일이 끝나면 퇴근합니다.

- typical day 전형적인 하루
- check e-mail 이메일을 확인하다
- then 그리고는
- have lunch with ~와 점심을 먹다
- current 현재의
- get to work 회사에 도착하다
- over coffee 커피를 마시면서
- after that 그 후
- company cafeteria 구내식당

People & Relationship

UNIT 03

사람과 관계

출제 경향 파악하기

인물과 관련한 문제는 단순한 인물묘사뿐만 아니라 인물을 중심으로 맺어진 관계에서 일어난 사건에 대해 묻는 문제들도 출제되고 있습니다. 가족이나 친구, 이웃과 동료에서부터 좋아하는 배우나 운동선수, 존경하는 인물 등 다양한 사람이 출제될 수 있습니다.

또한 묘사하는 인물과의 관계, 혹은 관계에서 생긴 문제점, 그 문제점을 해결하는 방안 등에 대한 문제도 출제되고 있으므로 이미 출제된 인물 중심으로 성격이나 성향을 묘사하는 답변을 연습하는 것 이외에도, 해당 인물과 관계 속에서 일어난 에피소드 한두 개 정도는 미리 준비해야 하겠습니다.

기출문제 살펴보기

- 가족

❶ Describe one of your family members.
가족 중 한 명을 묘사해주세요.

- 친구/동료/이웃

❷ Describe your friend/co-worker.
가장 친한 친구/동료를 묘사해주세요.

- 기타

❸ Describe your favorite celebrity /actress/actor.
가장 좋아하는 연예인/영화배우를 묘사해주세요.

🎯 면접관의 마음 훔치기

가족의 경우는 구성원의 수와 각각의 구성원이 누구인지를 밝히고, 그 외의 경우는 인물의 이름이나 소속, 하고 있는 일 정도를 언급하며 앞으로 묘사할 인물이 누구인지 첫 문장에서 언급해줍니다.

Example ❶

 MP3 01-21

Q Describe one of your family members.

가족 중 한 명을 묘사해주세요.

A [인물소개] One of my favorite family members is my wife.

가족 중 제가 가장 좋아하는 사람은 저의 아내입니다.

- one of ome's family members 가족 중 가장 좋아하는 한 명

Example ❷

 MP3 01-22

Q Describe your best friend.

가장 친한 친구를 묘사해주세요.

A [인물소개] My best friend is Mr. Kim.

저의 가장 친한 친구는 미스터 김입니다.

- best friend 가장 친한 친구

Example ❸

 MP3 01-23

Q Describe your favorite actor or actress.

가장 좋아하는 영화배우를 묘사해주세요.

A [인물소개] My favorite actor is Song Gangho.

제가 가장 좋아하는 영화배우는 송강호입니다.

- actor 남자배우
- actress 여자배우

어떠한 인물이든 그 인물의 특징에 대해 묘사합니다. 직업은 물론, 키, 체형, 닮은 사람, 성격, 본인이 좋아하는 점 등을 묘사하되, 이 많은 정보들을 다 언급하는 것이 아니라 말 그대로 그 인물의 가장 특징적인 것 1~2가지를 묘사해주면 됩니다.

Example ❶

 MP3 01-24

Q Describe one of your family members.

A [성격] She is very outgoing and friendly.

[직업] She worked at a major company before, but now she stays home and takes care of my children.

그녀는 굉장히 사교적이고 친절합니다. 그녀는 전에는 대기업에서 일했지만 지금은 집에서 아이들을 키웁니다.

- outgoing 외향적인　　• friendly 친절한　　• work at a major company 대기업에서 일하다
- stay home and take care of children (가정주부로) 집에서 아이들을 돌보다

Example ❷

 MP3 01-25

Q Describe your best friend.

A [나이 및 직업] He is 42 years old and works for a major company as a manager.

[성격] He is very positive and sociable.

[외모] He is not that tall, but is in good shape.

그는 42세이고 대기업에서 일하는 매니저입니다. 그는 매우 긍정적이고 사교적입니다. 키는 그렇게 크지 않지만 건강한 몸을 가졌습니다.

- as a manager 매니저로서　　• positive 긍정적인　　• sociable 사교적인
- not that 그렇게 ~않은　　• in good shape 몸매가 좋다, 건강하다

Example ❸

MP3 01-26

Q Describe your favorite actor or actress.

A [인물 묘사] He is one of the most famous actors in Korea.

[나이 및 외모] He is in his mid 40s, and he is tall, but not handsome.

[특징] He is very professional at his job, and he has never had any scandals.

그는 한국에서 가장 유명한 영화배우 중 한 명입니다. 그는 40대 중반에 키는 크지만 잘 생기지는 않았습니다. 그는 그의 일에 매우 전문적이고 어떠한 스캔들도 일으킨 적이 없습니다.

- in one's mid 40s 40대 중반의　　• have never had ~한 적이 없다

공략 *Step 3* 알게 된 계기나 이유

인물묘사 문제를 만나면 어떻게 마무리해야 할지 참 어렵습니다. 가족을 제외한 어떠한 인물이든 알게 된 계기나 친해지게 된 계기를 언급해주면 나만의 스토리가 들어있는 답변이 될 수 있습니다. 단, 과정을 너무 자세하고 장황하게 묘사하느라 답변이 길어지지 않도록 주의합니다.

Example ❶

 MP3 01-27

Q Describe one of your family members.

A [함께하는 활동] It is always fun to do something with her like watching a movie or taking a walk together. That's why she is one of my favorite family members.

그녀와 영화를 보거나 산책을 하는 등의 무엇인가를 하는 것은 항상 재미있습니다. 그래서 그녀는 제가 가장 좋아하는 가족 중 한 명입니다.

- do something with ~와 무엇인가를 함께 하다
- that's why 바로 ~하는 이유이다
- take a walk 산책하다

Example ❷

 MP3 01-28

Q Describe your best friend.

A [알게 된 계기 or 이유] We've known each other since high school, so he is like a member of my family.

우리는 고등학교부터 알고 지냈고 가족 같은 사이입니다.

- have known each other since ~부터 서로 알고 지내다

Example ❸

 MP3 01-29

Q Describe your favorite actor or actress.

A [알게 된 계기 or 이유] I became a big fan when I watched *Memories of Murder*. Ever since then, I watch all of his movies.

저는 '살인의 추억'을 보고 그의 팬이 되었습니다. 그 이후로는 그가 출현한 모든 영화를 봅니다.

- a big fan of ~의 열렬한 팬
- ever since then 그 이후로

출제될 문제 예상하기

앞에서 학습한 공략 단계에 따라 출제 가능한 문제를 살펴보고 답변 연습을 해보세요.

Question ❶

이웃

Describe your close neighbor.
당신의 친한 이웃을 묘사해주세요.

나만의 답변 만들기

모범답변

인물 소개

My close neighbor is Mr. Park who lives next door in my apartment.
저의 친한 이웃은 옆집에 사는 미스터 박입니다.

인물 묘사

He is in his late 40s and works at a major company. He is tall and a bit overweight, but good looking. He is very active and passionate.
그는 40대 중반이고 대기업에서 일합니다. 그는 키가 크고 약간 통통하지만 잘생겼습니다. 그는 매우 활동적이고 열정적입니다.

이유

I've known him since I moved into the building. He helped me get settled in.
저는 이 건물로 이사온 이후로 알고 지내고 있습니다. 그는 제가 자리잡는데 도움을 주었습니다.

어휘

- next door 옆집
- in one's late 40s 40대 후반의
- a bit 조금
- overweight 비만
- good looking 잘생긴
- active 활동적인
- passionate 열정적인
- have known someone since ～이후로 알고 지내다
- move into ～로 이사하다
- settle in 적응하다, 자리잡다

Question ❷

동료

Describe the personality and characteristics of your perfect boss.

당신의 완벽한 상사의 특징과 성격을 이야기해주세요.

나만의 답변 만들기

모범답변

인물 소개

My perfect boss is intelligent and hardworking.
완벽한 상사는 지적이고 근면한 사람입니다.

인물 묘사

That is just like my current boss. His name is Mr. Kim. He is the manager of the marketing department. He is very positive, sociable, and professional. He is very open-minded and listens to his team members' opinions all the time.
지금의 상사가 그렇습니다. 그의 이름은 미스터 김입니다. 그는 마케팅부서에 부장입니다. 그는 매우 긍정적이고 사교적이며 전문적입니다. 그는 굉장히 개방적이고 항상 팀원들의 의견을 듣습니다.

이유

I think he is the perfect boss.
제 생각에 그는 완벽한 상사입니다.

어휘

- intelligent 지적인, 똑똑한
- marketing department 영업부서
- listens to others 다른 사람들의 말에 귀를 기울이다
- that is just like 그것은 ~와 같다
- open-minded 개방적인, 이해심이 많은
- all the time 항상

운동선수 **Who is your favorite athlete?**

가장 좋아하는 운동선수는 누구인가요?

나만의 답변 만들기

모범답변

인물 소개

My favorite athlete is Kim Yuna.

제가 가장 좋아하는 운동선수는 김연아입니다.

인물 묘사

She is one of the best figure skaters in the world. She has won the gold medal at the Olympics. She always puts on a great performance, and she shows great self-control in most of the games.

그녀는 세계에서 최고의 피겨 스케이터 중 한 명입니다. 그녀는 올림픽에서 금메달을 땄습니다. 그녀는 항상 멋진 공연을 보여주며 거의 모든 경기에서 뛰어난 자제력을 보여줍니다.

이유

On top of that, she is very pretty and charming. That's why she is my favorite athlete.

게다가 그녀는 매우 예쁘고 매력적입니다. 그래서 그녀가 제가 가장 좋아하는 운동선수입니다.

어휘

- athlete 운동선수
- in the world 세계에서
- self-control 자제력
- charming 매력적인
- one of the best 최고 중 한 명
- put on a performance 공연을 하다
- on top of that 게다가, 더군다나

Question ❹

롤모델

Describe your role model or someone who you want to learn from.

본인의 롤모델 혹은 배우고 싶은 사람을 묘사해주세요.

 나만의 답변 만들기

모범답변

인물 소개

My role model is my boss, Mr. Kim.

저의 롤모델은 저의 상사인 미스터 김입니다.

인물 묘사

He is the manager of the marketing department. He always compliments his team members and when we make a mistake, he always comes in person and teaches us how we can do better next.

그는 영업부서의 부장입니다. 그는 항상 그의 팀원들을 칭찬합니다. 그리고 저희가 실수를 했을 땐 항상 직접 다가와서 다음에 어떻게 하는 것이 더 나은지를 가르쳐 줍니다.

이유

I think I am very lucky to work with someone I respect.

저는 제가 존경하는 사람과 일할 수 있어서 행운이라고 생각합니다.

어휘

- compliment 칭찬하다
- come in person 직접 와서
- how someone can do better ~가 어떻게 더 잘할 수 있는지

Favorite & Things 좋아하는 것 UNIT 04

 ## 출제 경향 파악하기

사진 속의 사물묘사 혹은 그 사물을 판매해보는 문제가 뒤에 출제될 정도로, SPA 시험에서는 사물묘사에 관한 문제들이 많이 출제되고 있습니다. PART 1에서는 그 중에서도 특히 좋아하는 것, 또는 좋아하는 활동 등을 중심으로 살펴보겠습니다.

사물이나 활동을 묘사해야 하므로 생김새와 특징을 자세히 표현하는 것도 중요하지만, 좋아하는 이유를 함께 답하여 문제의 취지를 놓치지 말아야 하겠습니다. 묘사와 이유를 적절히 배분하여 답변이 너무 길어지지 않도록 하는 것이 관건입니다.

 ## 기출문제 살펴보기

- 스포츠

❶ What is your favorite sport to play or watch?

당신이 관람하거나, 직접 하기를 좋아하는 스포츠는 무엇입니까?

- 물건

❷ What is one of your belongings that you adore?

당신이 소유한 것 중 가장 좋아하는 물건은 무엇입니까?

- 스마트폰

❸ What do you like to do with your smart phone?

당신의 스마트폰으로 무엇을 하는 것을 좋아합니까?

면접관의 마음 훔치기

공략 *Step 1* 무엇인지 명확하게 밝히기

Wh-Question과 마찬가지로 질문을 평서문으로 바꾸면서, 좋아하는 것이 무엇인지 첫 문장으로 언급해줍니다. 이 첫 문장은 답변의 주제문장이 됩니다. 문장을 구성할 때 사물이면 주어로, 행동이면 보어의 형태로 문장을 이끌어 줍니다.

Example ❶

 **MP3 01-34**

Q What is your favorite sport to play or watch?
당신이 관람하거나, 직접 하기를 좋아하는 스포츠는 무엇입니까?

A [주제문] ❶ My favorite sport to play is basketball.
제가 가장 하기 좋아하는 스포츠는 농구입니다.

❷ Basketball is my favorite sport to play.
농구는 제가 하기 가장 좋아하는 스포츠입니다.

• to play or watch (경기를) 관람하거나 (직접) 하거나

Example ❷

 **MP3 01-35**

Q What is one of your belongings that you adore?
당신이 소유한 것 중 가장 좋아하는 물건은 무엇입니까?

A [주제문] ❶ One of my belongings that I adore is my car.
소유한 것 중 가장 좋아하는 물건은 저의 자동차입니다.

❷ My car is one of my belongings that I adore.
자동차가 제가 소유한 것 중 가장 좋아하는 물건입니다.

• adore 아주 좋아하는   • belonging 소유물, 재산, 소지품

Example ❸

 **MP3 01-36**

Q What do you like to do with your smart phone?
당신의 스마트폰으로 무엇을 하는 것을 좋아합니까?

A [주제문] ❶ I like to do many things with my smart phone.
저는 스마트폰으로 많은 것을 합니다.

❷ There are many things I like to do with my smart phone.
제가 좋아하는 많은 것을 스마트폰으로 합니다.

• like to do ∼하기를 좋아하다   • many things 많은 것을

Unit *4* Favorite & Things 좋아하는 것 **37**

문제 그대로 사람마다 사물을 좋아하는 이유를 몇 가지 들어줍니다. 좋아한다는 것은 개인적인 취향이나 성향이므로 주관적인 생각이나, 개인적인 경험을 들어 이유로 언급하면 이야기가 있는 답변을 만들 수 있습니다.

Example ❶

 **MP3 01-37**

Q　What is your favorite sport to play or watch?

A　[이유 설명 – 사례] It is really fun to play with my friends. I try to play whenever I get the chance. It is very competitive and fast-paced. I am able to bond with my teammates and get some real exercise.

이것은 저의 친구들과 같이 하기에 정말 재미있습니다. 저는 기회가 될 때마다 하려고 노력합니다. 이것은 굉장히 경쟁적이고 빨리 진행됩니다 저는 저의 팀원들과 유대감을 형성할 수 있고, 진짜 운동이 됩니다.

- fun to play with someone ~와 같이 하기 재미있는
- whenever I get the chance 기회가 될 때
- competitive 경쟁적인
- face-paced 빠르게 진행되는
- be able to ~할 수 있다
- bond with someone ~와 유대감을 형성하다
- get some exercise 운동을 하다

Example ❷

 **MP3 01-38**

Q　What is one of your belongings that you adore?

A　[이유 설명 – 사례] It is a brand-new luxury vehicle, and it looks fantastic. It is very comfortable and is big enough to take my family camping. The thing is, it was a little expensive. I think it was worth it.

이것은 럭셔리한 새 차입니다. 그리고 너무 멋져 보입니다. 이것은 굉장히 편안하고, 가족을 데리고 캠핑을 가기에도 충분히 큽니다. 문제는 조금 비쌌다는 것입니다. 제 생각에 그럴만한 가치가 있었습니다.

- brand-new car 새 차, 신차
- luxury 호화스러운
- vehicle 차량
- fantastic 멋진
- comfortable 편안한
- big enough 충분히 큰
- The thing is 문제는
- expensive 비싼
- It is worth it. 그럴 가치가 있다

Example ❸

 **MP3 01-39**

Q　What do you like to do with your smart phone?

A　[이유 설명 – 사례] I make calls, use the Internet, and listen to music. There are more things than I can list. I don't know what I would do without it. My favorite thing to do is play games on it. But I use it for everything, basically.

저는 전화를 하거나, 인터넷을 쓰거나 그리고 음악을 듣습니다. 제가 나열할 수 있는 것보다 더 많은 것이 있습니다. 저는 스마트폰 없이 무엇을 할 수 있는지 모르겠습니다. 저는 스마트폰으로 게임을 하는 것을 가장 좋아합니다. 그렇지만 기본적으로 스마트폰으로 거의 모든 것을 합니다.

• make a call 전화를 하다	• use the Internet 인터넷을 사용하다	• listen to music 음악을 듣다
• There are ~들이 있다	• more things than I can list 나열할 수 있는 것 보다 더 많은 것들	
• play games 게임을 하다	• basically 기본적으로	

공략 Step 3 | 다시 한 번 어필하기

이유만 언급하고 답변을 마무리해도 되지만, 마지막으로 좋아하는 이유를 한번 더 언급해줌으로써 보다 논리적이고 깔끔한 답변으로 마무리되는 인상을 남깁니다.

Example ❶

 MP3 01-40

❓ What is your favorite sport to play or watch?

🅰 [마무리] **❶** That's why it is my favorite sport to play.
그래서 이것이 제가 가장 좋아하는 스포츠입니다.

❷ Those are the reasons why it is my favorite sport to play.
이런 이유들 때문에 이것이 제가 가장 좋아하는 스포츠입니다.

Example ❷

 MP3 01-41

❓ What is one of your belongings that you adore?

🅰 [마무리] **❶** That's why it is one of my belongings that I adore.
그런 이유 때문에 이것은 제가 소유한 것 중 가장 좋아하는 물건입니다.

❷ Those are the reasons why it is one of my belongings that I adore.
그러한 이유들로 이것은 제가 소유한 것 중 가장 좋아하는 물건입니다.

• one of many ~한 것 중 하나

Example ❸

 MP3 01-42

❓ What do you like to do with your smart phone?

🅰 [마무리] **❶** That's what I like to do with my smart phone.
그것이 제가 스마트폰으로 하기 좋아하는 것입니다.

❷ Those are the things I like to do with my smart phone.
그것들이 제가 스마트폰으로 하기 좋아하는 일들입니다.

• I like to ~하기를 좋아하다

🔍 출제될 문제 예상하기

앞에서 학습한 공략 단계에 따라 출제 가능한 문제를 살펴보고 답변 연습을 해보세요.

Question ❶

🔊 MP3 01-43

음식

What is your favorite food?
가장 좋아하는 음식이 무엇입니까?

나만의 답변 만들기

모범답변

주제문

My favorite food is samgyeopsal.
가장 좋아하는 음식은 삼겹살입니다.

이유 설명 – 사례

It is very tasty and popular. And, it is the perfect food to eat with soju. Also, it is not expensive and you can get it anywhere, so I can enjoy it whenever I want.
삼겹살은 정말 맛있고 인기 있습니다. 그리고 소주와 같이 먹기에 완벽한 음식입니다. 또한, 비싸지 않고 어디서나 먹을 수 있어서, 제가 원할 때 언제든 먹을 수 있습니다.

마무리

That's why samgyeopsal is my favorite food.
그래서 삼겹살이 제가 가장 좋아하는 음식입니다.

어휘

- tasty 맛있는
- popular 인기 있는
- eat with something ~와 같이 먹다
- expensive 비싼
- can get it anywhere 어디서든지 먹을 수 있다
- whenever I want 내가 원할 때

대중교통

What is the best thing about public transportation?

대중교통의 가장 좋은 점은 무엇입니까?

나만의 답변 만들기

모범답변

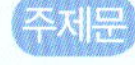 **주제문**

The best thing about public transportation is convenience.

대중교통의 가장 좋은 점은 편리함입니다.

 **이유 설명 – 사례**

Public transportation is really easy to use since it is really well-developed. Also, I can do other things while I ride, so I can do some fun things on my smartphone like watch TV or play games.

대중교통이 잘 발달된 이후로 이것을 이용하기가 정말 쉽습니다. 또한, 타고 가는 동안 다른 일들을 할 수 있습니다. 그래서 저는 스마트폰으로 게임이나 TV시청 등과 같은 재미있는 일들을 할 수 있습니다.

 **마무리**

That's why I like public transportation.

그래서 저는 대중교통을 좋아합니다.

 **어휘**

- the best thing about something ~의 가장 좋은 점은
- public transportation 대중교통
- easy to use 사용(이용)하기 쉬운
- well-developed 잘 발달된
- do other things 다른 것을 하다
- while ~하는 동안
- do some fun things 재미있는 것을 하다

선물

What is the most memorable gift that you've ever received?

받았던 선물 중 가장 기억에 남는 선물은 무엇입니까?

나만의 답변 만들기

모범답변

주제문

The most memorable gift that I've ever received was a fountain pen.

제가 받았던 선물 중 가장 기억에 남은 것은 만년필입니다.

이유 설명 – 사례

My wife got it for me for our first wedding anniversary. It wasn't very expensive, but it meant a lot to me. It is very well-made. I carry it around everywhere and use it when I sign important papers at work.

저의 아내는 만년필을 저희 첫 번째 결혼기념일 선물로 제게 주었습니다. 많이 비싼 것은 아니었지만 저에게는 큰 의미가 있습니다. 그것은 정말 잘 만들어졌습니다. 저는 그것을 어디든 가지고 다니고 제가 업무에서 중요한 것에 사인을 할 때 사용합니다.

마무리

It is the most memorable gift that I've ever received.

그것이 제가 받은 선물 중 가장 기억에 남는 것입니다.

어휘

- the most memorable 가장 기억에 남는
- receive 받다
- fountain pen 만년필
- first wedding anniversary 첫 결혼 기념일
- It means a lot to me. 나에게는 큰 의미가 있다.
- carry 가지고 다니다
- important 중요한

- gift 선물
- I've ever received 받아본 적이 있다
- get it for someone ~를 위해 사다
- expensive 비싼
- well-made 잘 만들어진
- sign 사인하다

여가시간

What do you like to do when you have free time?

여가시간에 무엇을 하는 것을 좋아합니까?

나만의 답변 만들기

모범답변

주제문

I like to do something fun when I have free time.

저는 여가시간에 재미있는 일을 하는 것을 좋아합니다.

이유 설명 – 사례

I like to see a movie or go to the park or hang out with my friends and family. Once in a while I visit my parents' house. It helps me to relax and always makes me happy.

저는 영화를 보거나 공원에 가거나 친구나 가족들과 어울리는 것을 좋아합니다. 가끔 저는 부모님 댁에 방문을 합니다. 그것은 저를 휴식하게 도와주고 행복하게 만듭니다.

마무리

That's how I like to spend my free time.

그게 제가 제 여가시간을 보내는 방법입니다.

어휘

- free time 여가시간, 자유시간　　　do something fun 재미있는 일을 하다
- see a movie 영화를 보다　　　go to the park 공원에 가다
- hang out with ~와 놀다, 어울리다, 시간을 보내다
- once in a while 가끔　　　relax 휴식을 취하다, 긴장을 풀다
- That's what I like to do. 내가 좋아하는 일입니다.
- That's how I like to do. 내가 좋아하는 방법입니다.

Experience 경험

 ## 출제 경향 파악하기

경험과 관련한 문제는 SPA 시험에서 '의견 말하기' 다음으로 가장 많이 출제되는 유형이기도 합니다. 간단한 질문에도 다양한 이야깃거리로 답할 수 있기 때문입니다. 따라서 어떠한 주제든 경험과 관련된 에피소드 하나는 반드시 준비해야 하며, 과거에 일어났던 경험과 관련한 문제이므로 과거나 현재완료시제를 사용하여 대답하는데 실수가 없어야 하겠습니다.

또한 경험에 관한 자세한 묘사도 중요하지만, 경험을 통해 느낀 점이나 깨달은 점 등으로 답안을 마무리하여 구조가 잡힌 답안으로 보이게 하는 연습도 필요합니다.

 ## 기출문제 살펴보기

- 해외여행   ❶ **Have you ever traveled abroad?**
  해외여행 가본 적이 있나요?

- 교통사고   ❷ **Have you ever been in a car accident?**
  자동차 사고를 겪은 적이 있나요?

- 온라인 쇼핑   ❸ **Have you ever shopped online?**
  온라인 쇼핑을 한 적이 있나요?

면접관의 마음 훔치기

이 유형의 목적은 경험이 있었는지에 대해 묻는 것이므로 경험 유무에 대한 대답이 먼저 나와야 합니다. Have you ever p.p∼? 질문에, 경험이 있었으면 Yes, I've ever p.p∼, 경험이 없었다면 No, I've never p.p∼가 반사적으로 나오도록 연습하세요.

Example ❶

 **MP3 01-47**

Q Have you ever traveled abroad?
해외여행에 가본 적이 있습니까?

A [경험 유무] Yes, I have traveled abroad before.
네, 전에 해외여행을 가본 적이 있습니다.

· travel abroad 해외여행

Example ❷

 **MP3 01-48**

Q Have you ever been in a car accident?
자동차 사고를 겪은 적이 있습니까?

A [경험 유무] Yes, I have been in a car accident.
네, 자동차 사고를 겪은 적이 있습니다.

· car accident 자동차 사고

Example ❸

 **MP3 01-49**

Q Have you ever shopped online?
온라인 쇼핑을 한 적이 있습니까?

A [경험 유무] Yes, I have shopped online.
네, 저는 온라인 쇼핑을 한 적이 있습니다.

· shop online 온라인 쇼핑

경험의 유무만 언급해서는 답변이 완성되지 않습니다. 어떤 경험이었는지 자세히 묘사함으로써 충분한 언어구사 능력을 보여주도록 합니다. 이때 경험에 대한 묘사이므로 시제 사용에 주의하면서 대답해야 한다는 점을 명심해야 합니다. 또한, 너무 장황하고 자세한 설명으로 답변하는 시간을 많이 소비하지 않도록 주의합니다.

Example ❶

 **MP3 01-50**

Q Have you ever traveled abroad?

A [경험 묘사] I've traveled to Thailand and America for my vacation. I tried some local food and enjoyed a lot of new things. It was pretty adventurous and exciting, and I experienced new culture there and new languages as well.

휴가에 저는 태국과 미국을 여행한 적이 있습니다. 저는 지역 음식들과 새로운 것들을 즐기려고 노력했습니다. 그것은 매우 모험적이고 흥미로운 일이었습니다. 그리고 저는 거기서 새로운 문화와 언어 또한 경험했습니다.

- for my vacation 휴가 동안
- local food 지역 음식
- pretty 꽤, 매우
- adventurous 모험적인
- exciting 흥미로운
- as well 또한, 역시

Example ❷

 **MP3 01-51**

Q Have you ever been in a car accident?

A [경험 묘사] A few years ago, I was visiting my parents' house to celebrate Korean thanksgiving. On my way there, the car behind me rear-ended me accidentally. So I got to my parents' house very late that night.

몇 년 전, 저는 한국의 추석을 기념하기 위해 부모님 댁에 방문하는 중이였습니다. 가는 도중에, 뒤에 있던 차가 제 차를 우연히 받았습니다. 그래서 저는 그날 밤 늦게 부모님 집에 도착했습니다.

- a few years ago 몇 년 전에
- celebrate 기념하다
- rear-end 들이받다
- accidentally 사고로

Example ❸

 **MP3 01-52**

Q Have you ever shopped online?

A [경험 묘사] Actually, I shopped online last week. I was very busy at work, so I had to buy some clothes and groceries online. I just clicked things I wanted to buy and paid with my credit card. And only one day later they were delivered.

실은 지난주에 저는 온라인 쇼핑을 했습니다. 저는 일이 너무 바빠서 몇 가지 옷들과 식료품을 온라인으로 사야만 했습니다. 저는 사고 싶은 것들을 클릭했고 신용카드로 결재를 했습니다. 그리고 단 하루 후에 물건들이 배달되었습니다.

- last week 지난주에
- some clothes 몇 벌의 옷들
- things 물건들
- deliver 배달하다
- busy at work 일이 바쁘다
- grocery 식료품
- pay with something ~로 계산하다
- had to ~해야만 했다
- click 클릭하다
- one day later 하루 후에

공략 *Step 3*   느낀 점이나 깨달은 점으로 마무리하기

경험을 묘사하다 보면 어디서, 어떻게 답변을 끝내야 하는지 난감한 경우가 있습니다. 이럴 때는 그 경험을 하면서 느낀 점이나 그 경험을 통해 깨달은 점으로 마무리합니다. 너무 장황하거나 자세하게 묘사하는 것이 아니라 한두 문장으로 간단하게 언급하며 답변을 끝내는 느낌을 줍니다.

Example ❶  MP3 01-53

Q Have you ever traveled abroad?

A [느낀 점/깨달은 점] I wish I could travel more often.
더 자주 여행을 할 수 있었으면 좋겠습니다.

- I wish I could do ~할 수 있으면 좋겠다
- more often 더 자주

Example ❷  MP3 01-54

Q Have you ever been in a car accident?

A [느낀 점/깨달은 점] It was very annoying and stressful.
그것은 굉장히 짜증나고 스트레스를 받는 일이었습니다.

- annoying 짜증스러운
- stressful 스트레스 받는

Example ❸  MP3 01-55

Q Have you ever shopped online?

A [느낀 점/깨달은 점] It was pretty convenient and the best way to save time.
그것은 굉장히 편리했고 시간을 아끼는 최고의 방법입니다.

- convenient 편리한
- the best way to save time 시간을 절약하는 최고의 방법

출제될 문제 예상하기

앞에서 학습한 공략 단계에 따라 출제 가능한 문제를 살펴보고 답변 연습을 해보세요.

애완동물

Have you ever had a pet?
애완동물을 키워본 적 있습니까?

나만의 답변 만들기

모범답변

경험 유무

No, I have never had a pet before.
아니요, 전에 애완동물을 키워본 적이 없습니다.

경험 묘사

But, when I was little, my grandma had a dog at her house. When I visited her, I always played with the dog and helped her feed him. The dog was really nice and friendly.
하지만, 제가 어렸을 때, 할머니가 개를 키웠습니다. 제가 그녀를 방문했을 때, 저는 항상 그 개와 놀았고 할머니가 개밥을 주는 것을 도왔습니다. 그 개는 정말 다정하고 붙임성이 좋았습니다.

느낀 점/깨달은 점

He was just like a member of the family. I sometimes miss him.
그 개는 정말 저의 가족 같았습니다. 가끔 그 개가 생각납니다.

어휘

- pet 애완동물
- when I was little 내가 어릴 때
- feed 먹이를 주다, 사료를 주다
- have never had something ~을 가져본 적이 없다
- at someone's house 누군가의 집에

Question ❷

해변

Have you ever had a memorable experience at the beach?

해변에서 기억에 남는 경험이 있나요?

나만의 답변 만들기

모범답변

경험 유무

Yes, I have had a memorable experience at the beach.
네, 저는 해변에서 기억에 남는 경험이 있습니다.

경험 묘사

My family and I went to Thailand for summer vacation. We had a great time relaxing on the beach and swimming. We had lots of fresh seafood, too. We were able to catch up on our daily lives and spend quality time together.
저는 가족과 여름휴가로 태국에 갔습니다. 우리는 해변에서 멋진 휴식을 보냈고 수영도 했습니다. 우리는 신선한 해산물도 먹었습니다. 우리는 밀린 일상이야기를 나눌 수 있었고 최상의 시간을 함께 보냈습니다.

느낀 점/깨달은 점

It was even better than we thought it would be.
그건 심지어 우리가 생각했던 것 보다 더 좋았습니다.

어휘

- memorable experience 기억에 남는 경험
- at the beach 해변에서
- for summer vacation 여름휴가로
- have a great time doing something ~을 하며 멋진 시간을 보내다
- catch up on daily lives 밀린 일상이야기를 하다
- It is even better than we thought it would be.
  그것은 심지어 우리가 생각했던 것 보다 낫다.

도박　　　　**Have you ever gambled?**
도박을 해본 적이 있습니까?

나만의 답변 만들기

모범답변

경험 유무

Yes, I have gambled before.
네, 도박을 해본 적이 있습니다.

경험 묘사

I went to a casino a few years ago when I went to Hong Kong. It was a lot of fun. I won some money at first, but later I lost a little bit of money. I didn't go that crazy, but I can see why people lose control.
몇 년 전에 홍콩에 갔을 때 카지노에 갔습니다. 도박이 정말 재미있었습니다. 처음에는 돈을 땄지만 나중에는 약간의 돈을 잃었습니다. 저는 그렇게 빠지지는 않았지만, 사람들이 왜 자제력을 잃는지는 알 수 있었습니다.

느낀 점/깨달은 점

I wouldn't do it again because it is too addictive.
도박은 너무 중독성이 있기 때문에 다시 하지는 않을 것입니다.

어휘

- gamble 도박을 하다
- win 이기다
- at first 처음에는
- lose a little bit of money 약간의 돈을 잃다
- go crazy 미치다, 열광하다
- lost control 자제력을 잃다

- a lot of fun 많은 재미
- win some money 돈을 따다
- lose 잃다

- I can see why 이유를 알 수 있다
- addictive 중독성이 있는

PART 01

프로젝트   **Have you ever been in a group project?**

그룹 프로젝트를 해본 적이 있습니까?

나만의 답변 만들기

모범답변

경험 유무

Yes, I have been in a group project before.
네, 전에 그룹 프로젝트를 해본 적이 있습니다.

경험 묘사

A couple of months ago, I worked on a group project with my team members. My company wanted to expand their business, so my team was supposed to find out more about Chinese markets. We spent two months getting information. It was difficult, but in the end we discovered many new opportunities for the company.

몇 달 전에, 저는 제 팀원들과 그룹 프로젝트를 했습니다. 저희 회사는 사업을 확장하고 싶어했기 때문에 저희 팀은 중국시장에 대하여 더 많이 조사하고 알아내야 했습니다. 우리는 정보를 수집하는데 두 달을 보냈습니다. 그것은 어려웠지만 마침내 우리는 회사를 위한 많은 기회들을 발견했습니다

느낀 점/깨달은 점

It went very well, but it was a challenge.
프로젝트는 잘 진행되었지만, 그것은 도전이었습니다

어휘

- a couple of months ago 몇 달 전에
- work on a group project with someone ~와 그룹 프로젝트를 하다
- work on ~에 착수하다
- was supposed to ~하기로 되어있었다
- get information 정보를 얻다
- discover 발견하다
- It goes well 일이 잘 되다
- want to expand 확장하기를 원하다
- find out 발견하다, 알아내다
- in the end 마침내
- opportunity 기회
- challenge 도전

Opinion Questions

의견을 묻는 질문

[출제 경향]

PART 2에서는 어떤 주제에 대한 정보의 나열, 또는 주관적인 생각이나 의견을 묻는 문제
유형이 출제되며, 답변에서 충분한 이유나 근거를 논리적으로 제시함으로써 문장 구사능
력과 언어 구사능력을 평가하는 영역입니다. 높은 레벨로 갈수록 사회현상과 관련된 주제
에 대해 찬성/반대하는 이유, 선택/선호하는 이유, 해결책으로 제시하는 이유, 주어진 정보
에 대한 의견말하기 등의 문제유형이 출제되고 있으므로 선택한 입장에 대해 적어도 2가지
이상의 이유나 근거를 제시해야 보다 탄탄한 답변으로 보일 수 있습니다. 전체적인 답안이
하나의 논리로 흘러가며, 근거나 이유가 적절한 '연결어'로 이루어진 답변을 구성하는 것이
중요합니다. PART 2에서 출제되는 문제유형이 파악되었다면, 이유가 빨리 떠오르는 입장
을 선택하는 것이 중요한 TIP이라 하겠습니다.

[공략법]

❶ 이유가 빨리 떠오르는 입장으로 정하라.

답변을 준비할 시간이 짧기 때문에 문제를 들으며 여러 가지 이유가 빨리 떠오르는 입장
으로 정합니다. 어떤 입장을 취했냐 보다는 어떤 이유와 근거로 논리적인 답변을 구성하
느냐가 관건이기 때문입니다.

❷ 뒷받침 이유는 객관적인 근거와 개인적인 경험으로 구성하라.

뒷받침하는 이유는 신문이나 뉴스에서 보고 들은 것이나 기정 사실, 인용 등의 객관적인
근거와 개인적인 일화에 대해 느낀점이나 배운점 등 개인적인 경험이 주를 이루는 주관적
근거로 구성하는 것이 좋습니다. 두 가지 중, 주관적인 근거를 나중에 제시하여 후반부로
갈수록 논리적이고 풍성한 답변으로 만드는 것도 하나의 TIP입니다.

❸ 자신의 입장을 한번 더 반복하라.

놓치기 쉬운 부분 중 하나입니다. 반복을 하더라도 자신의 입장을 한번 더 언급해줌으로
써 답안을 마무리하는 느낌을 주는 것이 중요합니다. 단, 서두에서 언급한 문장과 의미는
같되 다른 표현을 씀으로써 다양한 표현력을 갖추었음을 보여주어 고득점을 얻도록 합
니다.

Ideas & Opinions 생각과 의견

 ## 출제 경향 파악하기

SPA 시험의 여러 PART 중 난이도 있는 문제가 출제될 수 있는 영역이니만큼, 인터넷, 테크놀로지 및 사회 전반에 관한 다양한 주제를 다뤄보는 것이 중요합니다. 정답을 가리는 문제가 아니므로 자신의 의견을 표명하는 다양한 구문을 활용하여 서두에서 분명하게 자신의 입장을 밝히는 연습을 합니다. '좋기도 하지만 나쁘다'라는 식의 전개보다는, '나쁘므로 반대한다'라는 식의 전개가 영어에서는 더 분명하고 논리적인 전개가 된다는 것을 잊지 마세요.

 ## 기출문제 살펴보기

❶ Do you think computers help society?
당신은 컴퓨터가 사회에 도움을 준다고 생각하나요?

❷ What do you think of gambling?
당신은 도박에 대해 어떻게 생각하나요?

❸ What is your opinion on the hierarchical structure within companies in Korea?
한국 회사의 위계질서에 대한 당신의 생각은 무엇인가요?

🎯 면접관의 마음 훔치기

공략 Step 1 | 하나의 입장을 분명하게 언급하라.

다른 어휘나 표현을 대체하는 문장으로 시작하기보다는 질문에서 나왔던 문장을 반복하되, I think~, It seems that~ 등 자신의 생각을 나타내는 표현을 문장 앞에 활용하면 답변을 쉽게 시작할 수 있습니다.

Example ❶

Q **Do you think** computers help society?
당신은 컴퓨터가 사회에 도움이 된다고 생각하나요?

A [입장] **I think** computers help society.
저는 컴퓨터가 사회에 도움이 된다고 생각합니다.

- society 사회

Example ❷

Q **What do you think of** gambling?
도박에 대해 어떻게 생각하나요?

A [입장] **It seems to me that** gambling has many negative effects.
저는 도박이 많은 부정적인 영향을 가지고 있다고 보여집니다.

- it seems to me that ~로 보여지다
- nagative 부정적인
- effect 영향

Example ❸

Q **What is your opinion on** the hierarchical structure within companies in Korea?
한국 회사의 위계질서에 대한 당신의 의견은 무엇인가요?

A [입장] **In my opinion**, the hierarchical structure within companies in Korea is necessary and essential.
제 의견으로는, 한국 회사의 위계질서는 필요하다고 생각합니다.

- hierarchical structure 위계질서, 위계구조
- within ~내에, ~안에
- essential 필수적인

입장을 나타내는 표현

· **I guess/think/believe that~** 나는 ~라고 생각한다(확신이 강한 순서)

> **ex** I guess/think/believe that this system is very useful to every employee.
> 저는 이 시스템이 모든 직원들에게 유용하다고 생각합니다.

· **In my view,~** 개인적인 견해로는, ~라고 본다

> **ex** In my view, mostmidnight TV programs must be censored for children.
> 개인적인 견해로는, 대부분의 심야 TV 프로그램은 아이들을 위해 검열되어야 한다고 봅니다.

· **From my point of view,~** 내 관점에서는, ~라고 본다

> **ex** From my point of view, the public transportation needs to be developed well.
> 제 관점에서는, 대중교통이 잘 발달될 필요가 있다고 봅니다.

공략 *Step 2* | 근거로 개인적인 경험을 들수록 묘사는 풍부해진다.

근거를 제시할 때는 객관적인 이유와 주관적인 이유를 각각 들어주는 것이 좋습니다. 단, 개인적인 경험이나 일화를 근거로 들면 묘사가 디테일해지므로 풍부한 표현력을 보여줄 수 있습니다.

Example ❶

🔊 **MP3 02-04**

Q Do you think computers help society?

A [객관적 근거] It is an integral part of most business fields. Some things can't go on without computers like banking, manufacturing, and networking business. It is becoming a major aspect of our life.

컴퓨터는 대부분의 사업분야에서 필수 요소로 사용되고 있습니다. 은행, 제조, 통신업 등과 같은 일은 컴퓨터 없이 업무가 진행될 수 없습니다. 점점 우리 삶의 주요한 면이 되어가고 있습니다.

[주관적 경험] As an office worker, I am using a computer for my work all day long like researching, drawing up documents, and e-mailing. Without a computer, I can't imagine how inconvenient and tough my work would be.

사무직 근로자로서 저는 리서치, 문서작성, 이메일 보내기 등의 업무를 위해 하루 종일 컴퓨터를 사용하고 있습니다. 컴퓨터가 없다면 저의 일이 얼마나 불편하고 힘들지 짐작이 안 갑니다.

· integral 필수적인	· go on 진행되다	· manufacturing 제조업
· all day long 하루 종일	· drawing up 작성하다	· inconvenient 불편한

ⓠ What do you think of gambling?

ⓐ [객관적 근거] One of the biggest negative effects is addiction. Once someone becomes addicted to gambling, it can not only seriously affect the wealth and health but someone also could turn to crime.

가장 큰 부정적인 효과 중 하나는 중독입니다. 일단 도박에 중독되면, 재산과 건강에 심각하게 영향을 끼칠 뿐 아니라 범죄로 변할 수도 있습니다.

[주관적 경험] One of my friends just did spring to mind. He knew that he was addicted, but he couldn't stop it. He started to have marital problems, and finally, it brought the bankruptcy of his happy family.

제 친구 중 한 명이 갑자기 생각났습니다. 친구는 자신이 중독되어있는 것을 알았지만 끊을 수 없었습니다. 결혼생활에 문제가 생기기 시작하더니, 급기야 단란했던 그의 가정이 파탄 나버렸습니다.

- negative effect 부정적인 효과
- wealth 부, 재산
- bankruptcy of family 가정파탄
- addiction 중독
- spring to mind 생각나다
- become addicted 중독되다
- marital problem 결혼문제, 부부문제

ⓠ What is your opinion on the hierarchical structure within companies in Korea?

ⓐ [객관적 근거] Organization is everywhere. Hierarchy is in every organization in many ways. Especially, in Korean society, the hierarchical structure can make it way easier and efficient to manage the organization.

조직은 어디 가나 있고, 위계는 모든 조직에 다양한 형태로 존재합니다. 특히 한국 사회에서는 위계구조가 조직 관리를 훨씬 쉽고 능률적이게 만듭니다.

[주관적 경험] I have 20 members in my team. Sometimes, I need top-down management because it takes so long to come to a decision when having a meeting. It could be impossible to make every team member fully understand the organizational goal.

저는 20명의 팀원을 데리고 있습니다. 때때로, 저는 회의를 할 때 의사결정을 내리는데 시간이 너무 많이 걸리기 때문에 상명하달식의 관리가 필요하다고 느낍니다. 모든 팀원이 조직의 목표를 완전히 이해하게 만들기란 불가능하기 때문입니다.

- hierarchy 위계
- organizational goal 조직의 목표
- efficient 효율적인, 능률적인
- top-down management 상명하달 관리

가장 놓치기 쉬운 정리 문장입니다. 논리적인 답변으로 보이게 하기 위한 마무리로 자신의 의견을 다시 한번 반복합니다. 주의해야 할 점은 서두에서 언급했던 문장을 그대로 반복하지 말고, 같은 의미를 담은 다른 문장으로 사용하도록 합니다.

Example ❶

MP3 02-07

Q **Do you think computers help society?**

A [정리] **That is to say**, computers are very useful and helpful in our society.
즉 다시 말하면, 컴퓨터는 우리 사회에 있어 매우 유용하고 도움이 됩니다.

· this is to say 즉 다시 말하면　　　· useful 유용한

Example ❷

MP3 02-08

Q **What do you think of gambling?**

A [정리] **Therefore**, gambling is very threatening and harmful to societies and families.
따라서, 도박은 사회와 가정에 매우 위협적이고 해롭습니다.

· threatening 위협적인　　　· harmful 위험한, 해로운

Example ❸
MP3 02-09

Q **What is your opinion on the hierarchical structure within companies in Korea?**

A [정리] **Hence**, to prevent from wasting time and effort, Korean companies need to keep the hierarchical structure.
따라서, 시간과 노력의 낭비를 막기 위해, 한국의 회사들은 위계구조를 유지할 필요가 있습니다.

· hence 따라서　　　· prevent from -ing ~을 예방하다/막다　　　· need to keep 유지할 필요가 있다

TIP

정리를 나타내는 연결어

· In short 간단히 말하면　　　· That is to say 즉

· In consequence 따라서　　　· For these reasons 이러한 이유들 때문에

· Accordingly 따라서　　　· Thus 따라서

앞에서 학습한 공략 단계에 따라 출제 가능한 문제를 살펴보고 답변 연습을 해보세요.

Question ❶

 MP3 02-10

Do you think smartphones increase or decrease productivity?

당신은 스마트폰이 생산성을 증가시킨다고 생각하나요, 아니면 감소시킨다고 생각하나요?

나만의 답변 만들기

모범답변

입장

I think smartphones increase productivity.

저는 스마트폰이 생산성을 증가시킨다고 생각합니다.

객관적 근거

With these devices, people can be productive both at work and in their personal lives. They can work without restriction of time or place, and during their spare time, they can do anything like shop online or play games. Everyone is able to make the most of their time.

이 장치로 사람들은 일과 개인의 삶에 생산적일 수 있습니다. 그들은 시간과 장소에 제약을 받지 않고 여가시간에 그들이 원하는 쇼핑이나 게임을 할 수 있습니다. 모든 사람이 그들의 시간을 최대한으로 활용 가능합니다.

I work for the sales department and usually I work outside of the office in order to have meetings with my clients. I usually handle everything with my smartphone, from making appointments to finding locations with GPS. And I even use it like a laptop to take notes and look up information during meetings.

저는 영업부서에서 일합니다. 그래서 항상 고객들과 회의를 위해 사무실 밖에서 일을 합니다. 저는 스마트폰으로 약속을 잡는 것부터 스마트폰의 GPS로 약속장소를 찾는 것까지 거의 모든 것을 처리합니다. 그리고 저는 스마트폰을 노트북처럼 회의중 자료를 찾는 것과 메모용으로도 사용합니다.

For these reasons, smartphones increase productivity at every level of our daily lives.

이러한 이유로 스마트폰은 우리 일상생활의 모든 면의 생산성을 향상시킵니다.

- increase 증가하다, 증가시키다
- decrease 감소하다, 감소시키다
- productivity 생산성
- device 장치
- restriction 제한
- make the most of ~을 최대한으로 활용하다
- in order to 위하여, ~하기 위해
- handle 처리하다
- look up 찾아보다
- daily life 일상 생활

What is your opinion of your city's public transportation network?

당신 도시의 대중교통체계에 대한 당신의 의견은 무엇입니까?

나만의 답변 만들기

모범답변

 **In my opinion, my city's public transportation network is wonderful.**

제 의견으로는 우리 도시의 대중교통체계는 훌륭합니다.

 **Compared to many other cities around the world, Seoul has an excellent public transportation infrastructure. Citizens can use a wide variety of methods to get from place to place. Bus-only lanes, a well-developed subway system, and even public bike sharing are all available here.**

세계의 많은 다른 도시들과 비교해 서울은 훌륭한 대중교통시설이 있습니다. 시민들은 다양한 방법으로 이동할 수 있습니다. 버스전용차선과 잘 발달된 지하철 시스템, 그리고 공용자전거 공유까지 모든 것이 이용 가능합니다.

For example, I commute to work every day by subway. Thanks to the large number of trains, it takes only 20 to 30 minutes to get there. However, if I drive to work, it takes over an hour. Using public transportation is more economical than wasting time and money being stuck in traffic, also.

예를 들어, 저는 매일 지하철로 통근합니다. 많은 수의 지하철 덕분에 20~30분밖에 걸리지 않습니다. 반면 제가 만약 제 차로 운전하여 출근한다면 1시간 이상 걸립니다. 대중교통을 이용하는 것이 교통체증에 걸려 돈과 시간을 낭비하는 것보다 또한 더 경제적입니다.

In short, I would say Korean public transit is great.

요컨대, 저는 한국의 대중교통은 대단하다고 말하고 싶습니다.

- public transportation 대중교통
- compared to ~와 비교하여
- infrastructure 사회[공공]기반시설
- variety of methods 다양한 방법
- bus-only lane 버스전용차선
- well-developed 잘 발달된
- commute 통근하다
- a large number of 많은 수의
- thanks to ~덕분에
- economical 경제적인
- stuck in traffic 교통체증에 걸린

Question ❸

 **MP3 02-12**

Do you think studying abroad is helpful for success in your country?

당신은 당신의 나라에서 성공을 위해 해외유학이 도움이 된다고 생각하나요?

나만의 답변 만들기

입장

In my view, studying abroad is helpful for success in Korea.

제 의견으로 해외유학은 한국에서 성공을 위해 도움이 된다고 생각합니다.

객관적 근거

There is no doubt that going abroad can broaden your perspective and give you a leg up on language ability. Major Korean corporations look for both of those skills when they are hiring and promoting their employees. Not only that, but being exposed to a foreign perspective helps with creativity.

외국에 나가는 것은 당신의 관점이 넓어지고 언어능력에 도움을 줄 수 있다는 것은 의심의 여지가 없습니다. 한국의 주요기업들은 그들이 채용을 할 때와 직원들을 승진시킬 때 이 두 가지 능력을 찾습니다. 뿐만이 아니라 외국인의 관점에 노출되는 것은 창조성에 도움이 됩니다.

주관적 경험

When I was in university, I spent a year studying in a language program in the US. It helped me secure a position at my current company, and even after I was hired, my experiences abroad help me deal with foreign clients. Certainly, it has helped me get promoted faster than my colleagues who did not study abroad.

제가 대학교 때, 미국에서 1년 동안 어학연수를 했습니다. 이것은 지금 일하는 회사에 일자리를 잡을 수 있도록 도움이 많이 되었고, 채용된 후에도 해외경험이 외국인 고객들을 상대하는데 도움이 됩니다. 확실히 해외에서 공부를 하지 않은 동료들보다 제가 승진을 빠르게 한 것에도 도움이 되었습니다.

정리

Therefore, I would say that studying abroad would go a long way to someone's success.

그러므로 저는 해외유학은 누군가의 성공에 크게 도움이 된다고 말하고 싶습니다.

어휘

- abroad 해외에서, 해외로
- success 성공
- doubt 의심
- There is no doubt that ~라는 것에 의심의 여지가 없다
- broaden 넓어지다, 넓히다
- perspective 관점, 시각
- give somebody a leg up on 도와주다
- look for 찾다
- be exposed to ~에 노출되다
- creativity 창조성
- secure a position 지위를 얻다
- deal with someone ~를 (상)대하다
- go a long way to ~에 크게 도움되다

What is your opinion on government efforts to ban smoking in public places?

공공장소에서 흡연을 금지하는 정부의 노력에 대한 당신의 의견은 무엇인가요?

나만의 답변 만들기

모범답변

 From my point of view, government efforts to ban smoking are beneficial to society.

제 관점에서 볼 때, 흡연금지를 위한 정부의 노력은 사회에 유익합니다.

 It has long been proven that smoking is harmful to the health of smokers and the health of those around them. The healthcare costs related to long-term smoking are incredibly high. That means the costs for everyone go up, which is not fair in the least for non-smokers.

흡연은 흡연자 및 주변인의 건강에 해롭다고 오랫동안 입증되었습니다. 장기 흡연과 관련된 의료비는 믿을 수 없을 정도로 높습니다. 그것은 모든 사람의 비용이 올라간다는 뜻이며, 비흡연자들에게 절대로 공정하지 않습니다.

I remember having to deal with cigarette smoke everywhere before the government started to crack down on it. Whenever I waited for the bus or sat in a bar or restaurant, I would end up reeking of someone else's cigarette.

정부가 흡연단속을 시작하기 전에 저는 담배냄새를 사방에서 맡아야 했던 것이 기억이 납니다. 버스를 기다리거나 술집이나 식당에 앉아있을 때는 언제나 다른 사람들의 담배냄새가 결국 제 몸에서 났었습니다.

For these reasons, the more that government works to discourage smoking, the better.

이런 이유로 정부가 흡연을 더 막는다면 더 좋아질 것입니다.

- effort 활동, 노력
- proven 입증된
- incredibly 믿을수 없을 정도로
- end up -ing 결국 ~하게되다
- ban 금(지)하다
- harmful 해로운
- fair 타당한, 공평한
- reek 지독한 악취를 풍기다
- beneficial 유익한
- health care costs 의료비
- crack down 엄중 단속하다
- discourage 막다

If
가정하는 질문

UNIT 02

출제 경향 파악하기

If절로 상황이 이끌어지는 문제 유형은 주어진 상황 속에서 어떠한 행동이나 판단을 하겠느냐고 묻는 질문입니다. 말 그대로 가정 속에서 일어나는 답변이므로 정답은 없습니다. 다만, 논리적으로 탄탄한 답변을 전개해 나가면 됩니다. 문제의 주제는 개인적인 상황부터 직장과 관련한 상황까지 다양한 상황이 주어집니다. 선택한 입장에 대해 어떠한 이유를 드는지가 관건이므로, 너무 상세하고 복잡한 설명이 필요한 하나의 이유보다 단순하더라도 명확한 여러 개의 이유를 드는 것이 좋습니다.

기출문제 살펴보기

❶ If you win the lottery, what **would you like to do**?
만약 당신이 복권에 당첨된다면 무엇을 하고 싶은가요?

❷ If you could move to any foreign country, which country **would you choose to live**?
만약 당신이 외국으로 이사를 갈 수 있다면, 어느 나라로 가서 살고 싶은가요?

❸ If you need to go to your job interview, how **would you prepare for it**?
만약 당신이 면접에 가야 한다면, 어떻게 면접 준비를 할 것인가요?

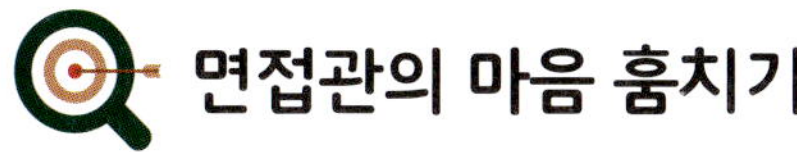

면접관의 마음 훔치기

 주어진 상황을 반복하면서 하나의 입장을 밝혀라.

질문에서 사용되었던 상황절까지 문장을 그대로 반복하며 본인의 입장을 밝히면서 시작합니다. 조건문의 가정법이 나올 때 어떤 시제를 사용해야 할지 난감할 수 있습니다. 이때 사용하는 시제 역시 단순하게 문제에서 언급했던 그대로 사용하면 됩니다.

Example ❶

 MP3 02-14

Q If you won the lottery, what would you like to do?
만약에 당신이 복권에 당첨된다면, 무엇을 하고 싶은가요?

A [입장] If I won the lottery, I would like to quit my job and go on a trip around the world.
만약에 제가 복권에 당첨된다면, 저는 일을 그만두고 세계여행을 하고 싶습니다.

- lottery 복권
- go on a trip around the world 세계여행을 하다

Example ❷

 MP3 02-15

Q If you could move to any foreign country, which country would you choose to live?
만약 당신이 외국으로 이주할 수 있다면, 어느 나라에서 사는 것을 선택하겠습니까?

A [입장] If I could move to any foreign country, I would choose to live in the United States.
만약에 제가 외국으로 이주할 수 있다면, 저는 미국에서 살겠습니다.

- move to ~로 이사하다
- foreign country 외국

Example ❸

 MP3 02-16

Q If you had to have a job interview, how would you prepare for it?
만약 당신이 면접을 본다면, 어떻게 준비하겠습니까?

A [입장] If I had to have a job interview, I would prepare for it by dressing my best.
만약 제가 면접을 본다면, 저는 가장 멋지게 차려 입겠습니다.

- prepare for ~를 준비하다

if 질문에서 시제 주의!

If로 시작하는 질문은 말 그대로 일어나지 않은 일을 상상하거나 가정하는 의미를 담고 있습니다. 하지만, 현재는 절대 일어날 수 없는 일의 상상인지, 혹은 앞으로 일어날 수 있으니 한번 가정해보는 건지 등 여러 의미를 시제가 나타내므로 시제 사용에 주의해야 합니다. 가장 좋은 방법은 질문에 나왔던 시제를 반복하는 것이 좋습니다. 시제에 대한 정리는 다음과 같습니다.

현재 시제 현실 가능성이 불확실할 때 사용

· If it rains, we will have a sport festival.

▶ 비가 올 확률이 50%일 때, 가정법의 현재시제 사용이 가능합니다.

과거 시제 가능성이 거의 없을 때 사용

· If I won a million dollars, I would buy a hotel in Dubai.

▶ 갑작스럽게 벼락부자가 되는 것은 실현 가능성이 낮다고 보므로 과거시제를 사용합니다.

공략 Step 2 | 입장을 취한 이유를 1~2가지로 제시하기

너무 장황한 이유를 들어 답변이 다른 방향으로 흐르지 않도록 주의합니다. 그렇다고 너무 간단한 답변을 해서 면접관이 왜 그런 입장을 취했는지 납득이 되지 않는 답변도 해선 안되겠죠? 상황을 가정했다는 것은 현재 할 수 없다는 점이 전제되어 있습니다. 그래서 반대로 가정을 해보는 겁니다. 따라서 답변을 작성할 때, 과거 혹은 현재는 이러이러한 이유 때문에 못하게 되었지만, 어떠한 점이 좋아서 그 입장을 취하게 되었는지를 설명하는 순서로 답변합니다.

Example ❶

 **MP3 02-17**

Q If you won the lottery, what would you like to do?

A [이유 ❶] In my life so far, I haven't had enough time to do the things that I would really like to do, like travel, because I have been so busy with work. The first thing I would do would be step into my boss' office and put in my two weeks' notice. Then I would start planning for my trip, but I would keep the lottery win a secret.

지금까지의 제 인생에서 저는 일이 너무 바빠서 충분한 시간이 없었기 때문에 여행과 같이 제가 정말로 하고 싶은 것들을 하지 못했습니다. 우선 첫 번째로 저는 상사의 사무실로 들어가서 2주 후 퇴사를 하겠다는 통지를 하겠습니다. 그리고 저는 여행계획을 시작하겠지만 복권에 당첨된 것은 비밀로 할 것입니다.

[이유 ❷] Since I wouldn't have to work or worry about money, I would stay in luxurious hotels indefinitely, moving from city to city across the globe. I would enjoy the finest dining at the best restaurants. I might travel for years before I ended up back home. Basically, if I won the lottery, I would like to go on vacation forever.

제가 돈 걱정을 하지 않아도 되기 때문에 전 세계를 다니며 호화로운 호텔에서 무기한으로 머물 것입니다. 최고의 식당에서 가장 멋진 음식을 즐길 것입니다. 저는 제가 집에 돌아오기 전까지 몇 년 동안 여행을 할 것입니다. 기본적으로, 만약 제가 복권에 당첨된다면 저는 영원히 휴가일 것입니다.

- notice 통지
- globe 지구본
- two weeks' notice 2주 후의 퇴사를 통지하다
- cross the globe 전 세계에서
- Indefinitely 무기한으로

Example ❷

 MP3 02-18

Q If you could move to any foreign country, which country would you choose to live?

A [이유 ❶] I haven't had the opportunity to live or study abroad, and I haven't been able to send my children overseas, either. American schools and universities provide a world-class education. It would be great for my kids if they could receive a high quality education in English, and broaden their perspectives in America with its different environment and culture.

저는 해외에서 공부를 하거나 살아볼 기회가 없었습니다. 그리고 제 아이들을 해외로 보낼 수 없던 것도 마찬가지입니다. 미국의 학교와 대학들은 세계적인 수준의 교육을 제공합니다. 저희 아이들이 미국에서 다른 환경과 문화로 그들의 관점을 넓히고, 최상의 교육을 영어로 받을 수 있다면 대단할 것입니다.

[이유 ❷] Not only that, but also there are more job opportunities for me and my wife. We could work for an international company which would boost our careers.

뿐만 아니라 그곳에서 저와 제 아내에게는 더 많은 직업의 기회가 있습니다. 우리는 세계적인 회사에서 일하면서 경력을 끌어올릴 수 있을 것입니다.

[이유 ❸] Even beyond that, the weather and landscape in many places are stunningly beautiful. It would be an amazing place to enjoy our lives. Also, I've always been an aficionado of American culture. I suppose the way of life there just might suit me well. So, if I could move anywhere, the best place would be the US.

그 이상으로, 그곳의 여러 지역의 날씨와 풍경이 굉장히 아름답습니다. 그곳은 우리의 삶을 즐기는데 멋진 장소가 될 것입니다. 또한 저는 항상 미국 문화의 팬이었습니다. 저는 제가 그곳의 생활방식과 더 잘 맞을 것이라고 생각합니다. 그래서 제가 만약 다른 곳으로 이주할 수 있다면 최고의 장소는 미국입니다.

- provide 제공하다
- perspectives 관점
- career 경력
- aficionado 마니아
- suit 맞다, 어울리다
- a world-class 세계적인 수준, 세계 최고
- not only that but also 뿐만 아니라
- even beyond that 그 이상으로
- suppose ~라고 추측하다
- broaden 넓어지다
- boost ~를 밀어 올리다
- stunningly 굉장히 아름다운
- the way of life 생활방식

❓ If you had to have a job interview, how would you prepare for it?

Ⓐ [이유 ❶] After university, when I was first looking for a job, I didn't have enough money to afford the best clothing. I am sure I had a few interviews during which I was judged harshly because of my out-of-date suit. Now that I am older, I can afford nicer clothes, so I would try to make up for my disadvantages in the past.

대학졸업 후, 제가 일자리를 처음 찾는 중이었을 때 저는 최고의 옷을 살 금전적인 여유가 충분하지 않았습니다. 지금까지 몇몇 면접관은 인터뷰 중 구식인 제 옷 때문에 저를 혹평했다고 확신합니다. 지금 제가 나이가 들어 더 좋은 옷을 살 수가 있고, 그래서 과거의 제가 받은 불이익을 만회하고 싶습니다.

[이유 ❷] I have learned since then that first impressions are overwhelmingly important. Many studies suggest that job interviewers base their decisions heavily on how well a candidate presents themselves. For that reason, I would dress professionally in order to best fit their standard of an ideal candidate. If I had a job interview now, dressing well would be the best way to prepare for it.

저는 그 이후로 첫인상이 압도적으로 중요하다는 것을 배웠습니다. 많은 연구들이 면접관은 지원자들이 자신을 얼마나 잘 보여주는지에 근거하여 큰 결정을 내린다고 합니다. 이러한 이유로, 저는 그들이 생각하는 이상적인 지원자의 기준에 부합되기 위해 전문적이게 잘 차려 입을 것입니다. 만약 지금 제가 면접을 본다면 잘 차려 입는 것이 면접준비를 위한 최고의 방법일 것입니다.

- look for ~을 찾다
- afford 여유가 되다
- clothing 옷
- judge ~을 판단하다
- harshly 거칠게, 엄격하게
- out-of-date 구식의
- suit 정장
- clothes 옷
- make up for 만회하다
- impression 인상
- overwhelmingly 압도적으로
- many studies 많은 연구
- suggest 제안하다
- interviewer 면접관
- base on ~에 기초를 두다
- decision 결정
- candidate 지원자
- present 보여주다
- ideal 이상적인

 출제될 문제 예상하기

앞에서 학습한 공략 단계에 따라 출제 가능한 문제를 살펴보고 답변 연습을 해보세요.

 **MP3** 02-20

If you saw your favorite celebrity in public, what would you do?

공공장소에서 당신이 가장 좋아하는 유명인을 본다면, 당신은 무엇을 하겠나요?

나만의 답변 만들기

모범답변

입장
If I saw my favorite celebrity in public, I would politely ask them to take a photograph with me.

만약 제가 공공장소에서 유명인을 본다면, 저는 공손하게 저와 사진을 찍자고 부탁하겠습니다.

이유
I haven't seen a celebrity in public before, but I would love to have the chance to do so. It would be a wonderful opportunity to show my appreciation for their work. So, I might offer to shake their hand and then tell them that I am a long-time fan. If they seemed friendly and receptive, I would also ask to take

a picture. Hopefully, they would say yes, but if not I would respect their wishes and not be personally offended since they have a right to privacy. I imagine it is exhausting to be approached by strangers all day. All in all, I think asking for a photograph is the most I could do if I saw my favorite celebrity.

저는 공공장소에서 유명인을 전에 본적이 없지만 그럴 기회가 생기면 정말 좋겠습니다. 그들의 일에 대한 저의 감사를 보여줄 멋진 기회가 될 것입니다. 그리고 저는 악수를 요청할 것이고, 제가 오랜 팬이라는 것을 말해줄 것입니다. 만약 그들이 친절하고 수용적인 것 같으면, 저는 사진을 찍자고 부탁할 것입니다. 그들이 '예'라고 하기를 바라지만 만약 아니라면 그들의 개인 사생활이 있고, 불쾌해지지 않도록 의사를 존중할 것입니다. 하루 종일 낯선 사람이 접근하는 것은 피곤한 일이라 짐작이 됩니다. 대체로 가장 좋아하는 유명인을 만난다면 사진을 찍자고 묻는 것이 제가 할 수 있는 최선인 것 같습니다.

- celebrity 유명인사
- appreciation 감사
- seem ~인 것 같다
- offend 불쾌하게 하다
- exhausting 고단한, 피곤한
- all in all 대체로 보아
- politely 공손히, 예의 바르게
- offer 제안하다
- receptive 수용적인
- right to privacy 개인의 사생활 권리
- approach 접근하다
- photograph 사진
- a long-time 오랜 세월
- respect 존중하다
- stranger 낯선 사람

Question ❷

MP3 02-21

If you could change your starting time at work, what time would you change it to and why?

만약 당신이 출근시간을 바꿀 수 있다면 몇 시로 바꾸고 싶고 그 이유는 무엇인가요?

나만의 답변 만들기

모범답변

입장

If I could change my starting time at work, I would change it to 10 in the morning so that I could spend more time with my children.

만약 제가 출근시간을 바꿀 수 있다면 저는 아이들과 더 많은 시간을 보낼 수 있도록 오전 10시로 바꾸고 싶습니다.

이유

Currently, I have to be in the office at about 8 A.M. Since I have a long commute, that means I have to wake up very early to get ready and catch my bus. I have become accustomed to the routine, but I am always out the door before my children get up. On busy days when I have to burn the midnight oil, I might not see them at all. If my work day started at 10, then I would be able to have a traditional family breakfast and even drop them off at school myself. It would certainly be a boon to our relationship. Given the opportunity, I think I would prefer a 10 A.M. start in order to have more family time.

현재는 아침 8시에 출근을 해야 합니다. 저는 장거리 통근을 하는데, 이는 아침 일찍 일어나서 준비를 하고 버스를 타야 한다는 말입니다. 저는 이 일상에 익숙해졌지만 항상 아이들이 일어나기 전에 밖에 나옵니다. 제가 밤늦게까지 일하는 바쁜 날에는 아이들을 전혀 보지 못할 수도 있습니다. 만약 제가 10시에 일을 시작한다면 전형적인 가족의 아침식사를 하고 아이들을 학교에 내려줄 수도 있습니다. 그것은 우리의 관계에 확실한 이익이 될 것입니다. 기회가 주어진다면, 저는 더 많은 가족시간을 위해 10시에 시작하는 것이 더 좋을 것 같습니다.

어휘

- commute 통근
- get ready 준비하다
- accustom 익숙해지다
- routine 일상
- not at all 결코 ~하지 않는
- burn the midnight oil 밤늦게까지 불 밝혀 공부나 일을 하다
- drop off 내려주다
- certainly 확실히
- be a boon to ~에게 이익이 되다

If your child did not want to go to college, what would you do?

만약 당신의 자녀가 대학 가기를 원하지 않는다면 어떻게 할 것인가요?

나만의 답변 만들기

모범답변

 If my child did not want to go to college, I would listen to why he didn't want to go in the first place and find out what he planned to do instead.

만약 제 아이가 대학에 가기를 원하지 않는다면 저는 우선 왜 그가 대학에 가고 싶지 않은지 들어보고 어떤 계획을 가지고 있는지 알아보겠습니다.

 Regardless of his reasons, I would still share my opinion and try to convince him about the importance of a college degree. I would admit that people can have different perspectives on what is important in life, but it is very difficult to get any job or work any field which he would be interested in the future without college degree. In the end, I would respect his personal decision, but I would not like that he wasn't going to college.

그의 이유에 개의치 않고, 저는 학사학위의 중요성에 대해 그를 납득시키려고 노력하며 제 의견을 공유하겠습니다. 저는 사람들 각각 인생의 중요한 것에 대한 관점이 다르다는 것을 받아들일 것입니다. 하지만 학사학위 없이는 미래에 그가 관심 있어 할 어떤 분야나 직업에 취업하는 것이 많이 어렵습니다. 결국 저는 개인 결정을 존중할 것이지만, 그가 대학에 가지 않는 것을 좋아하지는 않을 것입니다.

- in the first place 우선
- convince 납득시키다
- perspective 관점, 시각
- in the end 마침내, 결국
- find out 알아내다
- degree 학위
- get a job 취업하다
- respect 존중하다
- regardless 개의치 않고
- admit 인정하다, 받아들이다
- interested in ~에 관심 있는

Question ❹

 MP3 02-23

If you could have any superpower like a hero in a superhero movie, which would you choose, and why?

만약에 당신이 슈퍼히어로 영화에 나오는 영웅처럼 초능력을 가질 수 있다면 어떤 능력을 가지고 싶은가요, 그리고 이유는 무엇인가요?

나만의 답변 만들기

If I could have any superpower like a hero in a superhero movie, I would choose to fly because it would allow me an incredible sense of freedom.

만약에 제가 슈퍼히어로 영화에 나오는 영웅처럼 초능력을 가질 수 있다면, 저는 나는 능력을 고르겠습니다. 왜냐하면 엄청난 자유로움을 느낄 수 있게 해주기 때문입니다.

When I am late or in an emergency situation, I have always thought that it would be great to fly. I could just take off into the air and get to my destination without any delay or hassle.
Also, soaring through the clouds would refresh my spirit and help me appreciate the world more. Not to mention I would save a lot of money on travel expenses. Furthermore, I might even be able to help Superman save the world. Too bad it isn't possible, because I would definitely choose to fly if I could have a superpower.

제가 늦거나 혹은 위급한 상황에 있을 때, 날 수 있다면 굉장히 좋겠다는 생각을 항상 합니다. 공중으로 바로 날아올라 아무런 지체나 귀찮은 일 없이 목적지에 도착할 수 있습니다.
또한, 구름 속을 날아다니는 것은 정신을 맑게 하고, 세상에 더 감사한 마음이 들게 할 것입니다. 말할 것도 없이 많은 여행경비를 절약할 수 있습니다. 뿐만 아니라 저는 슈퍼맨이 세상을 구하는 것을 도울 수 있을 것입니다. 가능하지 않은 것이 매우 아쉽지만, 제가 초능력을 가질 수 있다면 저는 확실히 나는 능력을 고를 것입니다.

- superpower 초능력
- take off 날아오르다, 이륙하다
- hassle 귀찮은 일이나 상황
- not to mention ~은 말할 것도 없고
- here 영웅
- destination 목적지
- soaring 하늘 높이 날기
- sense of freedom 자유감
- delay 지연, 지체
- appreciate 감사하다
- travel expense 여행 경비

Preference 선호를 묻는 질문

 ## 출제 경향 파악하기

이번 문제 유형은 문제에서 제시하는 두 가지 선택사항 중 선호하는 하나를 선택하도록 출제됩니다. 선택사항이 주어지기 때문에 쉽게 답변을 시작할 수 있다고 생각할 수 있지만, 문제에서 제시하는 선택사항이 무엇인지 잘 들어야 출제자가 원하는 답변을 할 수 있다는 점을 잊지 말아야 합니다.

답안을 전개할 때 자신이 선택한 사항에 대해 타당한 이유를 들어줍니다. 객관적인 사실이나 정보도 좋고, 개인적으로 겪었던 경험에 대한 이유도 좋습니다. 단, 다른 선택사항에 대한 문제점이나 단점을 언급하며 자신이 선택한 것의 이유를 대는 방법은 논리를 흐트러트릴 수 있으므로, 다른 선택사항에 대한 언급을 자제하도록 합니다.

 ## 기출문제 살펴보기

❶ **Do you prefer** to work independently or on a team?
당신은 혼자 일하는 것과 그룹으로 일하는 것 중 어는 쪽을 선호하나요?

❷ **Do you prefer** working in your office or going on a business trip?
사무실에서 일하는 것과 출장을 가는 것 중 어는 쪽을 선호하나요?

❸ **Which type of restaurant do you prefer** to go to, one in the city or one by the seashore?
도시에 있는 식당과 해변에 있는 식당 중 어느 곳에 가는 것을 선호하나요?

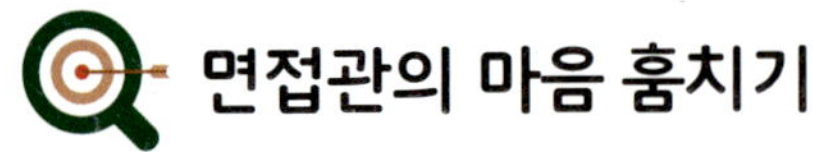

면접관의 마음 훔치기

어떠한 사항이든 여러 가지 이유가 빨리 생각나는 것으로 결정합니다. 그리고 선택한 이유가 여러 가지 있기 때문이라는 문장을 바로 연결해줍니다. 이 두 문장이 반사적으로 나오면서 이유를 생각할 수 있는 시간도 벌 수 있습니다.

Example ❶
 MP3 02-24

ⓠ Do you prefer to work independently or on a team?
혼자 일하는 것과 그룹으로 일하는 것 중 어느 쪽을 선호하나요?

ⓐ [입장] I prefer to work on a team than to work independently. I can share a few possible reasons why.
저는 독립적으로 일하는 것 보다 그룹으로 일하는 것을 선호합니다. 왜 그러한지에 대한 가능한 이유들을 공유할 수 있습니다.

- independently 독립적으로
- possible reasons 가능한 이유들

Example ❷
 MP3 02-25

ⓠ Do you prefer working in your office or going on a business trip?
사무실에서 일하는 것과 출장을 가는 것 중 어느 쪽을 선호하나요?

ⓐ [입장] I prefer going on a business trip than working in my office. There are multiple explanations for this.
저는 사무실에서 일하는 것보다 출장 가는 것을 선호합니다. 이것에 대해 여러 가지 설명이 있습니다.

- go on a business trip 출장을 가다
- multiple explanation 여러 가지 설명

Example ❸
 MP3 02-26

ⓠ Which type of restaurant do you prefer to go to, one in the city or one by the seashore?
도시에 있는 식당과 해변에 있는 식당 중 어느 곳에 가는 것을 선호하나요?

ⓐ [입장] I prefer to go to a restaurant by the seashore than to one in the city. I can think of many benefits to this choice.
저는 도시보다는 해안가에 있는 식당에 가는 것을 선호합니다. 제가 생각해낼 수 있는 이 선택에 대한 많은 이득이 있습니다.

- seashore 해안
- benefit 이득
- choice 선택
- I can think of 내가 생각할 수 있는

선호하는 것을 묻는 유형 역시 정해진 정답이 없습니다. 내가 선호하는 사항을 선택하는 문제이기 때문에 주관적인 이유를 드는 것이 좋습니다. 어떠한 이유든 한 가지 이상을 들고, 그 이유를 들게 된 근거까지 제시하는 것이 좋습니다.

Example ❶

Q Do you prefer to work independently or on a team?

A [이유❶] First of all, when I work on a team, a project can be done faster because many hands make light work.
첫 번째로, 제가 프로젝트를 그룹으로 할 때 일이 더 빨리 끝납니다. 왜냐하면 일손이 많아 일이 가벼워지기 때문입니다.

[근거] Everyone does their fair share, so it is efficient and economical, instead of each person following their own plan.
각자가 짠 계획을 따르는 것 대신 모두가 공정한 몫을 일하고, 따라서 그룹이 더 능률적이고 경제적입니다.

[이유❷] Also, the final result will be more professional and higher quality because if I lack some of the necessary skills to complete it properly, another member of the team will be ready to pick up the slack.
또한, 최종 결과도 더 전문적이고 좋은 결과가 될 것입니다. 왜냐하면 만약 제가 일을 제대로 완료하기 위한 필수 기술이 부족하다면 팀의 다른 구성원이 공백을 채우기 위해 준비되어 있을 것이기 때문입니다.

[근거] Working independently, it is much easier to make mistakes since no one will correct them.
혼자 일하는 것은 아무도 그들을 지적해주는 사람이 없기 때문에 실수하기가 훨씬 더 쉽습니다.

- fair share 공정한 몫
- efficient 능률적인
- economical 경제적인
- lack of 부족하다
- complete 완료하다
- properly 제대로
- pick up the slack 공백을 채우다
- correct ~의 잘못을 지적하다

Example ❷

Do you prefer working in your office or going on a business trip?

A [이유❶] The main reason is that on a business trip I get to be out in the field.
출장을 선택한 주요한 이유는 산업현장에 나가기 때문입니다.

[근거] Instead of being stuck behind a desk and a computer screen in the office, I can meet my clients and coworkers face to face and get a sense of how the industry really works and what the client actually needs.

사무실에서 컴퓨터 모니터와 책상 뒤에 갇혀있는 것 대신, 동료들이나 고객들과 직접 얼굴을 맞대고 만날 수 있고, 이 산업이 진짜 어떻게 돌아가는지, 그리고 고객이 진정 원하는 것이 무엇인지를 느낄 수 있기 때문입니다.

[이유❷] Another reason is that I get out of the office and get some fresh air and some fresh perspective.
다른 이유는 사무실 밖에 나가서 신선한 공기를 마시고 새로운 관점을 얻을 수 있습니다.

[근거] On the way back and forth from the office to the off-site location, I'm able to see new and interesting places instead of the same old boring workplace walls. It is a win-win scenario for both me and the company.
사무실과 외부장소를 왔다 갔다 하는 길에, 똑같고 오래된 사무실의 지루한 벽 대신 새롭고 흥미로운 장소들을 볼 수 있습니다. 이것은 회사와 저 둘 다 이기는 시나리오입니다.

- face to face 마주보고
- back and forth 왔다갔다
- industry 산업
- off-site 외부
- perspective 관점
- scenario 시나리오

Example ❸　 MP3 02-29

❶ Which type of restaurant do you prefer to go to, one in the city or one by the seashore?

❷ [이유 ❶] The main attraction of seashore restaurants is that they are usually located in the countryside, so I can enjoy the seasonal foliage and weather while sitting outside.
해안가 식당의 가장 큰 매력은 식당들이 주로 시골에 있어서 밖에 앉아있는 동안 날씨와 계절 단풍을 즐길 수 있다는 것입니다.

[근거] In the city there can be offensive odors and noises that ruin the meal.
도시에는 소음과 악취로 식사를 망칠 수 있습니다.

[이유 ❷] An additional attraction of the seaside is the easy availability of fresh and local ingredients.
해변의 추가적인 매력은 지역 음식재료들을 신선하게 얻기 쉽다는 것입니다.

[근거] There is a good chance that the fish you are eating was just caught that morning, while a restaurant in the city had to have it shipped in from the coast, which can take days.
도시의 식당에서는 음식재료들이 며칠 걸려 해안에서부터 운반된 것이지만, 해변가의 식당은 당일 아침에 잡은 고기를 먹을 수 있는 충분한 가능성이 있습니다.

- seasonal foliage 계절 단풍
- availability 유용성
- offensive odor 악취
- ingredient 요리재료
- ruin 망치다
- ship in 운반되다, 배달되다

마무리 문장이라 생략할 수도 있지만, 다른 선택사항보다 자신이 선택한 것이 더 좋다는 문장을 다시 한번 언급함으로써 문제를 바르게 인지하고 있다는 점, 문제에서 제시한 문장을 활용하여 같은 의미를 지닌 다른 문장으로 사용할 수 있다는 점을 어필할 수 있으므로 반드시 언급하도록 합니다.

Example ❶  MP3 02-30

Q Do you prefer to work independently or on a team?

A [마무리] For these reasons, I tend to have more success as team member than as a lone wolf.

이런 이유들로 저는 혼자를 선호하는 사람 보다 팀 구성원으로 더 큰 성공을 원하는 경향이 있습니다.

• a lone wolf 혼자 있기를 선호하는 사람

Example ❷  MP3 02-31

Q Do you prefer working in your office or going on a business trip?

A [마무리] That's a brief outline of my preference for business trips over working in the office.

사무실에서 일하는 것 보다 출장 가는 것은 내가 선호하는 것에 대한 간단한 설명입니다.

• brief 간단한　　　• outline 개요　　　• preference 선호도

Example ❸  MP3 02-32

Q Which type of restaurant do you prefer to go to, one in the city or one by the seashore?

A [마무리] So, those factors explain why I appreciate the seashore restaurant more.

이러한 요소들이 제가 왜 해안가 식당의 진가를 더 알아보는지를 설명합니다.

• factor 요인, 요소　　　• explain 설명하다　　　• appreciate 진가를 알아보다, 고마워하다

 **출제될 문제 예상하기**

앞에서 학습한 공략 단계에 따라 출제 가능한 문제를 살펴보고 답변 연습을 해보세요.

  **MP3** 02-33

Do you prefer making purchases with cash or credit cards?
당신은 물건을 살 때 신용카드와 현금 중 어느 것을 선호하나요?

나만의 답변 만들기

모범답변

입장   I prefer making purchases with credit cards over cash. It's hard to choose one best example of why since there are quite a few advantages.
저는 현금보다 신용카드 구매를 선호합니다. 많은 이점이 있기 때문에 최고 한 가지 예를 들기가 힘드네요.

이유 ❶   Primarily, the greatest benefit of the credit card is convenience.
첫 째로, 신용카드의 가장 큰 장점은 편리함입니다.

I can just swipe it through the machine or hold it against a sensor. I don't have to fumble with my wallet or count out the exact amount like I have to do with cash.

그냥 카드기계에 통과시켜 긁거나 센서에 대기만 하면 됩니다. 현금처럼 지갑에서 돈을 세거나 정확한 금액을 꺼내서 세지 않아도 됩니다

Secondly, credit cards have built-in security.

두 번째로, 신용카드는 안정성을 내장하고 있습니다.

If I lose my credit card, the credit card company can stop them from being used. But if someone steals my cash, it is gone forever.

만약 제가 신용카드를 잃어버리면 카드회사에서 제 카드가 사용되는 것을 막습니다. 하지만 만약 누군가 제 현금을 훔친다면 그것은 영원히 없어집니다.

These are just a few of the advantages of using credit cards over cash.

이는 현금보다 신용카드가 더 장점인 몇 가지 이유일 뿐입니다.

- primarily 주로, 첫째로, 무엇보다 먼저
- benefit 이득
- convenience 편리함
- swipe (전자카드를 인식기에) 대다
- fumble 더듬어 찾다
- count out 돈을 꺼내면서 세다
- built-in 내장된
- steal 훔치다

Do you prefer to speak on the phone or text message?

당신은 전화통화와 문자 중 어느 것을 선호하나요?

나만의 답변 만들기

모범답변

입장 I prefer to text message than to speak on the phone. I never tried to rationalize it before but I'll give it a shot.

저는 전화통화보다 문자 보내는 것을 선호합니다. 한 번도 이것에 대해 합리적으로 설명해본 적이 없지만 한 번 시도해보겠습니다.

이유 ❶ In the first place, there is no time limit for a text message.

첫째로, 문자 메시지는 서두를 필요가 없습니다.

근거 No matter what someone else is doing, they can always check your text when it is convenient for them. With a phone call, they have to stop what they are doing and talk to you, which seems almost rude nowadays.

비록 상대가 무엇을 하고 있는 중이라도, 편리할 때 메시지를 항상 확인할 수 있습니다. 전화통화는 그들이 하던 일을 멈추고 통화를 해야 하기 때문에 요즘에는 조금 무례한 것 같기도 합니다.

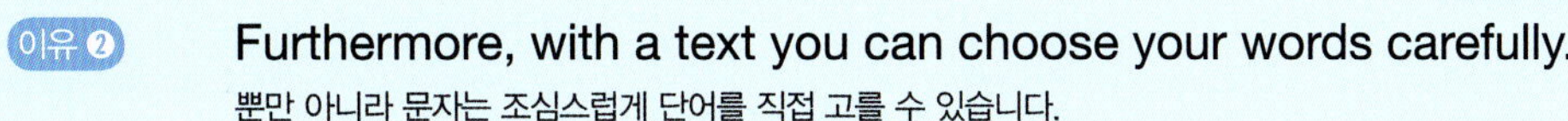

이유 ❷ Furthermore, with a text you can choose your words carefully.
뿐만 아니라 문자는 조심스럽게 단어를 직접 고를 수 있습니다.

근거 I always take my time with a text and ensure that the tone and word choice are perfectly suited for what I am trying to say, whereas with a phone call there is a greater chance for miscommunication.
저는 항상 문자를 보낼 때 시간을 들여 단어나 말투가 제가 말하려고 하는 것과 완벽하게 맞는지를 확인합니다. 반면 전화통화는 오해를 만들 기회가 많이 있습니다.

마무리 Clearly, a text message is a more reasonable choice than a phone call.
명확히, 전화통화 보다는 문자 메시지가 더 합리적인 선택입니다.

어휘

- rationalize 합리적으로 설명하다
- In the first place 우선, 첫째로
- ensure 확실하게 하다
- whereas ～에 반해서, 그런데
- reasonable 합리적인, 타당한
- give it a shot 시도해보다
- rude 무례한
- suit 맞다, 적합하다
- miscommunication 잘못된 전달, 오해

Do you prefer to shop online or in person at the store?

당신은 온라인 쇼핑과 직접 매장에서 하는 쇼핑 중 어느 것을 선호하나요?

나만의 답변 만들기

모범답변

입장
I prefer to shop online than in person at the store, and there are a number of justifications for it.

저는 직접 매장에 가서 하는 쇼핑보다 온라인 쇼핑을 선호합니다. 그리고 그것에 대한 타당한 이유가 몇 가지 있습니다.

이유 ❶
First and foremost, shopping online saves time.

무엇보다, 온라인 쇼핑은 시간을 절약합니다.

근거
I can just open up my browser window in my computer and look at a few pictures in order to make a decision. Before you know it, the item is on its way. Compare this to how long it takes to get in the car and drive to the store, and it is easy to see which is better.

그냥 컴퓨터의 브라우저 창을 열고 결정을 위해 몇 개의 사진을 보기만 하면 됩니다. 순식간에 물건은 배달됩니다. 차에 타고 운전을 해서 매장에 가는 것과 비교하면 어떤 게 더 나은지 쉽게 알 수 있습니다.

이유 ❷　Moreover, comparing prices is vastly easier online.
게다가 가격비교도 온라인이 훨씬 더 쉽습니다.

근거　If you find something you like, you can cross-reference it with offers on other websites until you find the cheapest option available, unlike going in person to the store where you are limited by what they have in stock and it is nearly impossible to bargain.
만약 좋아하는 무언가를 찾았을 때, 직접 매장에 가서 재고가 있는지 봐야 하고, 흥정을 거의 못하는 것과 다르게, 온라인 쇼핑은 가장 싸고 좋은 조건을 찾을 때까지 다른 웹사이트들과 상호참조(비교)할 수 있습니다.

마무리　These are my explanations for why I am partial to online shopping rather than going to the store in person.
이러한 이유들이 제가 직접 매장에서 쇼핑하는 것 보다 온라인 쇼핑을 더 좋아하는지에 대한 설명입니다.

어휘

- justification 타당한 이유
- before you know it 순식간에, 눈 깜짝할 사이에
- get in the car 차에 타다
- cross-reference 상호참조
- in stock 재고로
- partial ~을 매우 좋아하는
- first and foremost 다른 무엇보다
- make a decision 결정을 하다
- vastly 대단히, 엄청나게
- in person 직접
- bargain 흥정하다
- shop online 온라인 쇼핑을 하다

Do you prefer to plan your own trips or to go on a package tour?

당신은 개인 여행과 패키지여행 중 어느 것을 더 선호하나요?

나만의 답변 만들기

모범답변

입장
I prefer to plan my own trips than to go on a package tour, and it is easy to make the case for it.
저는 패키지여행보다 개인 여행을 더 선호합니다. 그리고 그것을 입증하는 것은 쉽습니다

이유 ❶
First off, flexibility is the best aspect of planning my own trip.
우선 유연성은 스스로 계획하는 여행의 가장 큰 장점입니다.

근거
I can go where I want to when I want to, and I can adjust the plan as needed. In a package tour, I am limited to the itinerary that is set when I sign up, a fact which does not fit well with my travel style.
제가 원하는 곳을 원하는 때에 갈 수 있고 필요 시 계획을 조정할 수 있습니다. 패키지 여행은 계약 시 정해진 일정의 한계가 있고, 사실 저의 여행 스타일과 맞지 않습니다.

이유 ❷

In addition, I and my family are the only people I have to worry about when I make my own travel plan.

게다가, 개인여행을 계획할 때는 오로지 나와 내 가족들만 걱정하면 됩니다.

근거

There is a real possibility to be saddled with a group of people who I might find distasteful if I choose a package tour.

패키지여행을 한다면 마음 맞지 않은 그룹의 사람들을 만나 짐이 될 수도 있는 가능성이 있습니다.

마무리

Basically, these are the reasons why I would rather plan my own trips.

기본적으로, 이것들이 제가 개인여행을 계획하는 것을 더 선호하는 이유입니다.

어휘

- first off 우선, 먼저
- flexibility 유연성
- aspect 측면
- itinerary 여행일정
- sign up 등록하다, 가입하다
- possibility 가능성
- saddled with 짐을 지우다, 신경 쓰이게 하다
- distasteful 불쾌한

 # Solution 해결책 제시

출제 경향 파악하기

If절로 가정된 상황에서 대답하는 문제와 다르게, 현실 가능성 있는 문제점을 제시하고, 이에 대한 해결책이나 대안을 구체적으로 답하는 유형입니다. 간단한 답변으로 제시 가능했던 If절의 문제 유형과 달리 해결책이나 대안은 물론, 그에 대한 이유까지 제시해야 합니다. 이때, 개인적으로 경험했던 사례를 들면서 해결책을 제시하는 것이 좋습니다. 그러한 경험이 없었다 하더라도, 비슷한 경험을 언급하며 답안의 논리력을 높일 수 있습니다.

 ## 기출문제 살펴보기

❶ Imagine you have a conflict with the current boss of your team, **how would you resolve it?**

당신 팀의 현재 상사와 갈등을 겪고 있다면 어떻게 해결하겠나요?

❷ There will be the office renovation in your company next month. **What suggestion would you give?**

다음 달에 당신 회사에 사무실 수리가 있을 예정입니다. 당신은 어떤 제안을 하겠나요?

❸ Your child wants to go abroad to study at a very young age. **What advice would you give to him/her?**

당신의 어린 자녀가 해외유학을 원합니다. 어떤 조언을 그/그녀에게 하겠나요?

면접관의 마음 훔치기

공략 Step 1 앞으로 전개될 내용을 소개하는 문장으로 시작하라.

질문을 반복적으로 말해 확인하는 것도 좋지만, 그렇게 답변할 수 없는 문제도 있으므로 여러 가지 방안을 제시할 것이라는 문장으로 답변으로 시작해봅니다.

Example ❶

 MP3 02-37

Q Imagine you have a conflict with the current boss of your team, how would you resolve it?

당신 팀의 현재 상사와 갈등을 겪고 있다면 어떻게 해결하겠나요?

A [소개] I can certainly provide some recommendations for resolving a conflict with the current boss of my team.

저는 제 상사와 갈등을 해결할 분명한 해결책을 몇 가지 제공할 수 있습니다.

- conflict 갈등
- current 현재
- resolve 해결하다, 결심

Example ❷

 MP3 02-38

Q There will be the office renovation in your company next month. What suggestion would you give?

다음 달에 당신 회사에 사무실 수리가 있을 예정입니다. 당신은 어떤 제안을 하겠나요?

A [소개] I will happily relate a few tips for renovating an office.

저는 사무실 수리에 대해 기쁜 마음으로 몇 가지 팁을 말할 것입니다.

- relate ~에 대해 이야기하다
- renovation 수리
- suggestion 제안

Example ❸

 MP3 02-39

Q Your child wants to go abroad to study at a very young age. What advice would you give to him/her?

당신의 어린 자녀가 해외유학을 원합니다. 어떤 조언을 그/그녀에게 하겠나요?

A [소개] I can give some guidance to my child if he or she wants to go abroad to study at a very young age.

만약 그/그녀가 어린 나이에 해외유학을 원한다면 아이에게 몇 가지 안내를 해줄 수 있습니다.

- child (한 명의) 자녀
- abroad 해외로
- guidance 안내

객관적인 이유를 들어도 좋지만, 이 문제유형의 출제 요지는 정답이 없는 개인적인 견해에 대한 논리적인 답변입니다. 따라서 개인적인 경험이나 다른 사람의 경험을 통해 배운 점이나 깨달은 점 등을 이유로 제시하는 것이 좋습니다.

Example ❶

 MP3 02-40

Q Imagine you have a conflict with the current boss of your team, how would you resolve it?

A [경험] Right off the bat, I would propose a meeting with my boss to open the lines of communication, because the only way to solve the problem will be for both of us to understand what it is. When I have encountered conflict in the office before, we always untangled the issue by getting everyone on the same page. It has not always been a smooth process, but in my experience, we are always satisfied with the outcome when the meeting is over.

즉시, 저는 상사와 의사소통의 창을 열기 위해 미팅을 제안하겠습니다. 왜냐하면 이 문제를 해결하기 위한 오직 한 가지 방법은 서로의 문제가 무엇인지 이해하는 것이기 때문입니다. 제가 전에 사무실에서 갈등에 직면했을 때, 우리는 그 문제를 모두 합심하여 풀었습니다. 항상 순조로운 과정만 있진 않았지만, 제 경험으로 우리는 미팅이 끝날 때는 항상 결과에 만족했습니다.

- right off the bat 즉시
- open the lines of communication 의사소통의 창을 열다
- encounter 부닥치다, 직면하다
- on the same page 합심한
- outcome 결과

Example ❷

 MP3 02-41

Q There will be the office renovation in your company next month. What suggestion would you give?

A [경험] One of the most important things to remember when renovating an office is to rent a temporary workspace for your employees, because it can be highly disruptive when you adjust an office layout. I have dealt with office renovation on a number of occasions, and from my history, I can tell you that it is worth the price to keep everyone focused on their tasks. If you don't, then many people find excuses to not get their work done.

사무실 수리 시 기억해야 할 가장 중요한 것 중 하나는 직원들을 위해 임시로 일할 공간을 빌리는 것입니다. 사무실 배치를 조정하는 일에 많은 지장을 줄 수 있기 때문입니다. 저는 몇 번의 사무실 개조를 겪은 적이 있고, 그 경험으로 모두 업무에 꾸준히 집중할 수 있게 하는 것은 가치가 있다고 말할 수 있습니다. 만약 그렇게 하지 않으면, 사람들은 일을 마치지 못하는 핑계를 발견합니다.

- temporary 임시의
- adjusting 조정
- layout 배치
- it is worth the price 값의 가치가 있다
- focus on ~에 초점을 맞추다

Q Your child wants to go abroad to study at a very young age. What advice would you give to him/her?

A [경험] To begin with, they need to find out for certain whether or not they are motivated for the right reasons. Remind them that if they want to go in order to meet their parents' expectation, then they may become homesick very quickly. I have a friend who sent his young daughter overseas when she was still in elementary school because they had high expectation for her. In the end she returned home after only six months because she was unable to deal with the isolation. Studying in a foreign country can be a great advantage if it works, however.

첫째로, 그들은 올바른 이유를 위해 동기부여가 된 것인지 아닌지 알아야 할 필요가 있습니다. 만약 그들이 부모의 기대에 부응하기 위해 가기를 원하는 거라면 아마 빨리 향수병에 걸릴지도 모른다는 것을 상기시켜야 합니다. 저는 친구 중 딸에게 기대가 커서 초등학생인 딸을 해외유학 보낸 친구가 있습니다. 결국 그녀는 외로움을 감당하지 못하고 6개월 후에 돌아왔습니다. 하지만, 잘 된다면 해외에서 공부하는 것은 큰 이득이 될 수 있습니다.

- remind them 상기시키다
- motivate 동기를 부여하다
- expectation 기대
- homesick 향수병
- in the end 결국, 마침내
- isolation 고립, 외로운

공략 *Step 3* | 일반적인 내용으로 마무리하라.

경험을 나열하다가 답을 마쳐버리면 완벽한 마무리가 되지 않기 때문에, 자신이 제시한 방안이나 해결책에 대해 '효과가 있을 것이다' 혹은 '도움이 될 것이다' 등의 일반적인 내용으로 자신의 견해를 다시 한 번 언급하며 마무리합니다.

Example ❶ ◀)) **MP3** 02-43

Q Imagine you have a conflict with the current boss of your team, how would you resolve it?

A [마무리] That would be my advice in this situation, and I am confident that it would clear everything up.
그게 이 상황의 저의 조언이고, 이것이 모든 것을 해결할 것이라고 자신합니다.

- confident 자신감 있는
- clear up 해결하다, 맑게 하다

❶ There will be the office renovation in your company next month. What suggestion would you give?

❹ [마무리] This is my judgment for this scenario, and I have no doubt that it would deal with the problem.

이것이 이 상황의 제 판단이고, 저는 이 방법이 문제를 잘 해결할 것이라 믿어 의심하지 않습니다.

• judgment 판단　　　• have no doubt ~을 확신하다

❶ Your child wants to go abroad to study at a very young age. What advice would you give to him/her?

❹ [마무리] That is the best information I can give in this case, and I think it would be helpful for people to hear it.

이 경우에 줄 수 있는 최고의 정보이고, 저는 이것을 듣는 사람들에게 도움이 될 것이라고 생각합니다.

• in this case 이 경우에 있어서

출제될 문제 예상하기

앞에서 학습한 공략 단계에 따라 출제 가능한 문제를 살펴보고 답변 연습을 해보세요.

 **MP3** 02-46

One of your friends working in another field is looking to enter yours. What tips would you give him/her?

다른 분야에서 일하는 당신 친구 중 한 명이 당신이 하는 일을 하고 싶어 합니다. 어떤 팁을 그/그녀에게 줄 것인가요?

나만의 답변 만들기

모범답변

 **소개**

I would be able to offer some valuable input to my friend looking to enter my field.

저는 제가 일하는 분야로 들어오고 싶어하는 친구에게 몇 가지 값진 조언을 하고 싶습니다.

It is vital to remember that success in my field depends on maintaining close relationships with your clients, because there is a lot of competition amongst the various firms in the field. I have seen it happen time and time again in my own practice. A competitor offers my client a slightly lower price, but my client sticks with me because they know me and trust that I will treat them appropriately. A close relationship is as good as gold in this business.

제가 일하는 분야에서의 성공은 고객과 가까운 관계 유지에 달려있다는 것을 기억해야 합니다. 이유는 이 분야의 여러 회사들 중 많은 경쟁자가 있기 때문입니다. 저는 계속해 온 훈련에서 이런 일들을 많이 보았습니다. 경쟁자는 제 고객에게 약간 낮은 가격을 제안하지만, 고객들은 저를 알고 제가 알맞은 제안을 한다고 믿기 때문에 계속 거래를 합니다. 이 사업에서 가까운 관계는 정말 좋습니다.

These thoughts are my honest opinion, and I feel like anyone would benefit if they listened.
이 생각들은 저의 정직한 의견이고, 저는 만약 이 이야기를 듣는 사람이면 누구든 득이 되리라 생각합니다.

• offer 권하다	• valuable 가치 있는
• input 조언	• be vital to ~에 중요하다
• depend on ~에 달려있다	• competition 경쟁
• firm 회사	• time and time again 몇 번이고 계속해서
• competitor 경쟁자	• slightly 약간
• sticks with someone ~곁에 머물다	• appropriately 적당하게, 알맞게

Your colleague is trying to quit smoking. What suggestions would you give?

당신의 동료가 담배를 끊으려고 노력 중입니다. 어떤 제안을 주고 싶은가요?

나만의 답변 만들기

모범답변

 I could teach a lesson or two to my colleague about quitting smoking.

저는 담배를 끊으려는 제 동료에게 한두 가지 교훈을 줄 수 있습니다.

 The greatest help for overcoming this difficulty is finding a harmless replacement habit, because one of the biggest difficulties in quitting smoking is dealing with the cravings. When I quit smoking, every time I felt the urge to smoke, I chewed a piece of gum instead. It didn't quite scratch the same itch as a cigarette would have, but it did provide me with a distraction. Eventually the cravings stopped completely.

이 어려움을 극복하기 위한 가장 큰 도움은 무해한 대체 취미를 찾는 것입니다. 왜냐하면 금연의 가장 큰 어려움 중 하나는 욕구를 다루는 것이기 때문입니다. 제가 담배를 끊을 때 저는 매번 욕구를 느꼈습니다. 그래서 대신 껌을 하나 씹었습니다. 그것은 담배를 피우는 것처럼 가려움을 긁어주진 않았지만, 담배를 피고 싶다는 생각을 분산시켜 주었습니다. 결국 욕구는 완전히 멈췄습니다.

That is what I would counsel here, and I know it would solve the problem.

그것이 제가 하는 조언이고, 이 방법이 문제를 해결할 것이라고 알고 있습니다.

- quit 그만하다
- replacement 대체
- chew 씹다
- provide with ~을 공급하다
- overcoming 극복
- craving 갈망, 열망
- scratch 긁다
- counsel 조언하다
- harmless 무해한
- urge 욕구, 충동
- itch 가려움

Question ❸

 **MP3 02-48**

What is your opinion on plastic surgery? What advice would you give someone who is considering plastic surgery?

성형수술에 대한 당신의 의견은 무엇인가요? 성형수술을 고민하는 사람에게 어떤 조언을 해주겠나요?

나만의 답변 만들기

 **소개**

I would have a few things to say to someone who is considering plastic surgery.

저는 성형수술을 고민하는 사람에게 몇 가지 할 말이 있습니다.

 **경험**

The most important thing for them to consider would be whether or not they know the risks of the procedure they wanted to get, because even though plastic surgery has become widespread, there are many people who don't know the potential consequences. My friend's wife went in for a simple botox injection, but she had a terrible reaction to the medication and her face swelled up for a week afterward. Everything worked out fine in the end, but there are even worse possible outcomes. They would have to be aware of every possibility before getting plastic surgery.

가장 중요하게 고려해야 하는 것은 수술의 위험을 알고 있는지 입니다. 왜냐하면 성형수술이 보편화되었다지만 잠재적일 결과를 모르는 사람이 많습니다. 제 친구의 아내는 단순한 보톡스 주사를 맞으러 갔지만, 약물에 끔찍한 반응을 겪었고 그녀의 얼굴은 그 후 일주일 동안 부어 올랐습니다. 결국 모든 게 잘 되었지만 더 심한 많은 결과들이 발생할 수 있습니다. 그들은 성형수술을 하기 전에 모든 가능성들을 알아야 합니다

 **마무리**

That would be my advice in this situation, and I am confident that it would clear everything up.

이것이 이 상황에 대한 제 조언이고, 이 조언이 모든 것을 해결할 것이라 자신합니다.

 **어휘**

- plastic surgery 성형수술
- risk 위험
- widespread 보편화된, 널리퍼진
- injection 주사
- medication 약
- work out (일이) 잘 풀리다, 좋게 진행되다
- aware of ~을 알다
- consider 고려하다
- procedure 수술
- potential consequence 잠재적 결과
- reaction 반응
- swell up 부어오르다
- in the end 결국

A foreign colleague has just joined your team. Give him advice on what he should do to build relationships with your team members.

외국인 동료가 당신의 팀에 합류했습니다. 팀원들과 관계를 맺기 위해 어떻게 해야 할지 그에게 조언해주세요.

나만의 답변 만들기

모범답변

소개
I could provide some instruction to a foreign colleague on what he should do to build relationships with my team members.
저는 제 팀원들과 관계를 맺기 위한 몇 가지 방법을 외국인 동료에게 제공할 수 있습니다.

경험
The primary thing he should remember is to try to attend every work-related event, because it can be difficult to connect while you are trying to do your job. Going to team dinners is a good way for him to get to know everyone without worrying about deadlines. When I was just starting out in this office, at first I didn't like to spend too much time with my colleagues outside of the office. However, as soon as I attended a few team celebrations, I began to connect with a few friends I still have here today.

첫 번째로 기억해야 할 것은 일과 관련된 모든 일에 참석하려 노력하는 것입니다. 왜냐하면 본인의 업무 수행 중에는 동료들과 연결되기 어렵기 때문입니다. 마감에 대한 걱정이 없는 팀 저녁회식은 모두를 알아가기에 좋은 자리입니다. 제가 막 이 사무실에서 근무를 시작했을 때 사무실 밖에서 동료들과 많은 시간을 보내는 것을 좋아하지 않았습니다. 그러나 몇 번의 팀 행사에 참석하자마자 아직까지도 여기에서 근무하는 몇몇 친구들과 친분을 쌓을 수 있었습니다.

This is my judgment for this scenario, and I have no doubt that it would deal with the problem.

이것이 이 상황에 대한 저의 판단이고, 저는 이것이 이 문제를 잘 해결할 것을 의심하지 않습니다.

- instruction 설명, 지시
- build a relationship 관계를 맺다
- team dinner 저녁 회식
- get to know 알게 되다
- deadline 마감
- celebration 기념행사

Information 정보 답변 UNIT 05

 ## 출제 경향 파악하기

주어진 주제에 대한 객관적인 정보로 답하는 문제 유형입니다. 어떤 물건의 특징이나 장단점을 설명하거나, 결정을 하기 앞서 고려해야 할 점들을 설명하는 등의 유형으로 출제됩니다. 이 문제는 선호를 묻는 문제가 아니므로 최대한 자신의 생각이나 견해를 배제하고 객관적인 사실과 정보만 전달하는 느낌으로 답변해야 합니다. 또한, 장단점 두 가지를 언급하라는 경우를 제외하고는, 장점이면 장점, 단점이면 단점만을 언급하여 답안의 중심이 흔들리지 않도록 하는 것도 고득점을 향한 TIP입니다.

 ## 기출문제 살펴보기

❶ What are some advantages of the Internet?
인터넷의 장점들은 무엇인가요?

❷ What are the disadvantages of using computers for a long time?
장시간 컴퓨터 이용의 단점들은 무엇인가요?

❸ What functions does your mobile phone have? Why did you choose it?
당신의 휴대전화는 어떤 기능들을 가지고 있나요? 왜 그것을 선택했나요?

면접관의 마음 훔치기

시작과 동시에 바로 첫 번째 정보를 언급하는 것도 좋지만, 듣는 사람으로 하여금 어떤 내용에 대해 언급할 것인지 알려주는 문장으로 시작하면 보다 체계잡힌 답변을 한다는 느낌을 줍니다. 질문의 문장을 반복하면서 몇 가지(some), 혹은 구체적으로 언급할 정보의 숫자(two or three) 등을 언급하는 도입문장으로 시작합니다.

Example ❶

 MP3 02-50

Ⓠ What are some advantages of the Internet?
인터넷의 장점들은 무엇인가요?

Ⓐ [소개] I have a few things to say about the advantages of the Internet, like its breadth of information, accessibility, and lack of physical form.
저는 인터넷의 장점에 대해 정보의 폭넓음, 쉬운 접근성, 그리고 물리적 비존재와 같은 몇 가지 할 이야기가 있습니다.

- breadth 폭넓음
- accessibility 접근하기 쉬움
- lack of ~가 부족한, 가지지 않는
- physical from 물리적 형태

Example ❷

 MP3 02-51

Ⓠ What are the disadvantages of using computers for a long time?
장시간 컴퓨터 이용의 단점들은 무엇인가요?

Ⓐ [소개] There are a number of disadvantages to using computers for a long time, such as mental overstimulation, lack of exercise, and eye strain.
장시간 컴퓨터 사용의 단점들은 정신적으로 과도한 자극이나 운동부족, 그리고 눈의 피로 등이 있습니다.

- mental 정신적인
- overstimulation 과도한 자극
- lack of ~의 부족
- eye strain 눈의 피로

Example ❸

 MP3 02-52

Ⓠ What functions does your mobile phone have? Why did you choose it?
당신의 휴대전화는 어떤 기능들을 가지고 있나요? 왜 그것을 선택했나요?

Ⓐ [소개] I will tell you about three of the functions that caused me to choose my mobile phone: its applications, camera, and large screen.
제 휴대폰을 선택하게 된 3가지 기능인 어플리케이션, 카메라, 그리고 큰 화면에 대해서 이야기하겠습니다.

- function 기능
- application 응용프로그램

여러 가지 정보를 나열할 경우 연결어를 활용하는 것도 논리적인 흐름을 보여주는 대표적인 방법입니다. 첫 번째 언급, 두 번째 언급, 마지막으로 언급에 사용하는 연결어들을 미리 알아두고 활용합니다.

TIP

순서를 나타내는 연결어

· 처음으로

first, first of all, to begin (with), to start with, in the first step

· 다음으로

second, third, fourth

then, next, after that, following that, afterwards, subsequently

furthermore, moreover, in addition

· 마지막으로

last, finally, in the end, eventually, above all

Example ❶    **MP3 02-53**

❓ What are some advantages of the Internet?

🅐 [정보] First of all, you can very quickly find exactly what information you need. Mysteries are almost a thing of the past. Not only that, but you can also find what you want to know wherever you want, whenever you want. Thanks to WiFi, you can do it without being plugged in. And last but not least, since the data can be streamed from the cloud, you can access it all from the smartphone in your pocket.

첫째로, 빠르고 정확하게 필요한 정보를 찾을 수 있습니다. 미스터리는 거의 과거의 일입니다. 뿐만 아니라, 알고 싶은 것을 언제 어디서든 찾을 수 있습니다. 와이파이 덕분에 유선연결 없이 인터넷을 사용할 수 있습니다. 마지막으로 중요한 것은, 당신의 주머니 속에 있는 스마트폰의 클라우드 저장 공간에서 모든 것을 접속하고 스트림처리 될 수 있습니다.

· exactly 정확히　　　　　· not only that 비단 그뿐 아니라　　　　　· plug in ~을 ~에 연결하다
· last but not least 마지막이나 못지 않게 중요한 것은　　　　　· data 자료
· stream 스트림 처리하다(데이터 전송을 연속적으로 이어서 하다)　　　　　· access 접속하다

Q **What are the disadvantages of using computers for a long time?**

A [정보] Probably the biggest problem with using a computer for extended periods is the effect it has on one's thoughts. After a long time processing the high-speed information, a person can get overwhelmed by the sheer volume of options. The second biggest problem is that sitting in front of computer screen is a very passive activity. Many people who work in offices suffer from obesity and posture problems because they barely move a muscle all day. And a final problem is that staring at a monitor for too long will cause your vision to double. People need to remember to step away for five minutes every hour.

아마 장기간 컴퓨터 사용의 가장 큰 문제점은 자신의 생각에 미치는 영향입니다. 길고 빠른 속도의 정보검색 후, 사람은 방대한 선택에 제압당할 수 있습니다. 두 번째로 큰 문제점은 컴퓨터 화면 앞에 앉아있는 것은 매우 수동적인 행위라는 것입니다. 사무실에서 일하는 많은 사람이 하루 종일 거의 근육을 움직이지 않기 때문에 자세 문제로 고통받습니다. 마지막 문제점은 너무 오랫동안 화면을 쳐다보는 것은 당신의 시력에 두 배로 영향을 미칠 수 있습니다. 사람들은 매 시간마다 5분씩 컴퓨터화면에서 떨어져야 한다는 걸 기억해야 합니다.

- disadvantage 약점, 분리한 점
- thought 생각
- overwhelm 휩싸다, 제압하다
- passive activity 수동적인 행위
- posture problem 자세 문제
- staring 응시하는, 뚫어지게 보는
- step away 물러나다, 떨어져 있다
- extended period 장기간
- process 과정
- by the sheer volume of 절대적인 (많은)양
- suffer from ~로 고통받다
- barely 거의 ~않다
- cause ~의 원인이 되다
- effect 영향
- high-speed information 고속 정보
- obesity 비만
- muscle 근육
- vision 시력

Q **What functions does your mobile phone have? Why did you choose it?**

A [정보] The primary function I purchased my mobile phone for is that it can download applications since it is a smartphone. I use the apps to find directions to where I am going, access the Internet, play games, and more. The secondary function for buying my phone was to take high-quality photos with its built-in camera, which is almost as good as a professional digital one. The third most important function in my phone is the its large screen. It is much more comfortable and relaxing to look at.

제가 제 휴대폰을 구매한 주된 기능은 스마트폰이라 앱을 내려 받을 수 있기 때문이었습니다. 저는 앱으로 게임이나 인터넷 접속, 방향 찾기, 그리고 더 많은 것에 사용합니다. 이 전화기를 사게 된 부차적인 기능은 내장형 카메라로 질 높은 사진을 찍을 수 있는 것이었습니다. 거의 전문 디지털 카메라만큼 좋습니다. 세 번째로 제 전화기의 가장 중요한 기능은 큰 화면입니다. 보기에 훨씬 더 편안하고 쉽습니다.

• primary 주된   • purchase 구매, 구매하다   • application 응용 프로그램 (약어 app)

• direction 방향   • access the Internet 인터넷에 접속하다   • built-in 내장된

깔끔하게 마무리하는 느낌의 답안은 마무리 문장을 반드시 사용해야 합니다. 문장의 형식을 바꾸거나 다른 표현을 활용하여 첫 문장의 의미를 다시 한번 반복합니다.

Example ❶

 MP3 02-56

Q What are some advantages of the Internet?

A [마무리] There's no doubt that all these things are important advantages of the Internet.

의심할 여지 없이 이것들이 인터넷의 중요한 장점들입니다.

• There is no doubt that ~에 의심의 여지가 없다

Example ❷

 MP3 02-57

Q What are the disadvantages of using computers for a long time?

A [마무리] It is too bad that computers have so many negative traits since we have to use them for so long every day.

우리는 매일 오랫동안 컴퓨터를 사용해야 하는데, 컴퓨터가 부정적인 특성을 많이 가졌다는 것이 매우 아쉽습니다.

• negative trait 부정적인 특성

Example ❸

 MP3 02-58

Q What functions does your mobile phone have? Why did you choose it?

A [마무리] I couldn't live without any of these functions on my phone, and am very happy with my choice.

저는 제 전화기의 기능 없이 살 수 없고, 제 선택에 매우 만족합니다.

• choice 선택

출제될 문제 예상하기

앞에서 학습한 공략 단계에 따라 출제 가능한 문제를 살펴보고 답변 연습을 해보세요.

Question ❶  **MP3 02-59**

What are some of the advantages of electric cars?

전기차의 이점은 무엇인가요?

나만의 답변 만들기

모범답변

 I can list a couple of advantages of electric cars, namely that they are good for the environment, quiet, and come equipped with many interesting features.

저는 전기차의 몇 가지 이점을 나열할 수 있습니다. 환경을 위해 좋고, 조용하며, 흥미로운 많은 특징을 갖추어 출시됩니다.

 The most obvious asset of electric cars is the fact that they produce zero emissions. Gasoline automobiles are one of the biggest contributors to global warming, so it is wonderful that this new technology produces no air pollution. A second

positive aspect of electric cars is that they make very little noise since they do not have to rely on a combustion engine for power. A final benefit is all the bells and whistles that come installed on these new cars. They have powerful computers and cameras that watch the road to keep the driver safe, and some even drive themselves.

전기차의 분명한 이점은 배기가스를 전혀 배출하지 않는 것입니다. 휘발유 차들은 지구 온난화의 가장 큰 주범입니다. 이 멋진 새로운 기술은 공기오염을 일으키지 않습니다. 두 번째 전기차의 긍정적인 측면은 동력을 위해 연소엔진에 의존하지 않아도 되기 때문에 소음이 적습니다. 마지막 이점은 이 새로운 차에 설치되어 있는 모든 부가기능들입니다. 그것들은 운전자를 안전하게 보호하고, 심지어 자동차 스스로 운전하기 위해 도로를 보는 파워 컴퓨터와 카메라를 장착하고 있습니다.

Personally, I look forward to the day when everyone drives electric cars.

개인적으로, 저는 모두가 전기차를 운전하는 그날을 기대합니다.

- environment 환경
- obvious 분명한
- emissions 배기가스
- air pollution 공기오염
- bells and whistles 부가기능
- look forward to ~을 고대하다
- namely 즉, 다시 말해
- asset 이점
- contributor 기여자, 공헌자
- rely on ~에 의존하다
- come installed 설치되어 나오는
- equipped with ~을 갖춘
- produce 생산하다
- global warming 지구온난화
- combustion engine 연소엔진

Question ❷

What are the disadvantages of robots taking over many jobs?

많은 직업을 로봇이 대체하는 것에 단점이 무엇인가요?

나만의 답변 만들기

모범답변

소개

I am aware of a few of the disadvantages of robots taking over many jobs, such as a higher unemployment rate, the decreased power of unions, and concerns about safety.

저는 많은 직업의 로봇 대체가 주는 단점을 인지하고 있습니다. 예를 들어 높은 실업률과 감소된 노조의 힘, 그리고 안전에 대한 우려들입니다.

정보

The most substantial drawback to the increase of automation is the fact that many people are being put out of work. In the past, when jobs were made obsolete they were replaced with new jobs, but that seems to no longer be the case with robots. Another concern is that as the number of skilled workers decreases, workers have less power to form unions to demand fair pay and benefits, so the jobs that still exist get worse and worse. On top of all of that, robots cannot think for themselves, so if there is a malfunction, they may continue to operate and cause more damage than a human would.

자동화의 증가에 나타나는 가장 큰 결점은 많은 사람이 일자리를 잃는다는 것입니다. 예전에는 한물간 일자리는 새로운 일자리로 대체되었지만, 로봇은 더 이상 그런 실정이 아닙니다. 다른 염려는 숙련된 기술자들의 감소만큼 노동자들은 공정한 수당과 혜택을 요구하기 위한 조합을 형성하는 힘이 줄었고, 따라서 남은 일자리들이 점점 더 안 좋아 집니다. 더군다나 로봇은 스스로 생각할 수 없어서 만약 오작동이 생겨도 계속 작동하기 때문에 인간보다 더 많은 손상을 발생시킬 수 있습니다.

마무리 **While there are some advantages to more robots, I feel there are many more disadvantages to them taking over our jobs.**

로봇보다 이점이 더 많으므로, 저는 로봇으로 일자리가 대체되는 것에 더 많은 단점이 있다고 생각합니다.

어휘

- be aware of ~을 알아차리다, ~을 인지하다
- unemployment rate 실업률
- substantial 상당한, 많은
- automation 자동화
- obsolete 한물간, 구식의
- no longer 이미 ~가 아니다
- skilled worker 기술자, 숙련공
- demand 요구하다
- malfunction 기능 불량, 오작동

- take over (~을) 대체하다
- union 노조
- drawback 결점, 문제점
- put out 해고하다, 내쫓다
- be replace with ~로 대체되다
- the case 실정, 사실
- form union 조합을 형성하다
- fair pay and benefits 공정한 급여와 혜택
- cause 발생시키다

What are some negative aspects of Internet banking?

인터넷 뱅킹의 부정적인 면은 무엇인가요?

나만의 답변 만들기

모범답변

 Off the top of my head, I know there are at least three negative aspects of Internet banking, like security issues, poorer customer service, and the decline of small local banks.

제 머릿속에 떠오르는 것은, 저는 적어도 3가지의 인터넷 뱅킹의 부정적인 측면이 있다고 압니다. 안전문제와 취약한 고객 서비스, 그리고 작은 지방은행의 감소입니다.

 The issue that concerns people most in regards to Internet banking is the thought that someone might use illegal software to steal their identity. Criminals have become better at fooling consumers and stealing their banking information online. A second common worry is that while day-to-day simple banking is easier online, it is getting progressively more difficult to develop a relationship with the people who take care of your money since you don't actually meet them face to face. Along with this

problem is the final fact that people do not need to go to small branches anymore, so many smaller local banks have started to close their doors.

인터넷 뱅킹에 대해 사람들이 가장 염려하는 것은 누군가 신분을 훔치기 위해 불법 소프트웨어를 사용할지도 모른다는 생각입니다. 범죄자들은 소비자들을 속이고 은행정보를 훔치는 기술이 점점 좋아지고 있습니다. 두 번째 일반적인 걱정은 단순한 일상 은행업무는 온라인이 더 쉬워서, 돈을 관리해주는 사람들과 실제로 얼굴을 보고 만나지 않기 때문에 그들과의 관계가 점진적으로 발전하기 어려워지고 있습니다. 이 문제에 관한 마지막 사실은 사람들은 더 이상 작은 지점에 갈 필요가 없고, 그래서 작은 지방은행들은 지점을 닫고 있다는 것입니다.

 **마무리**

I for one prefer to do my banking online, but I am also concerned about its negative effects.

저 또한 그 중 한 사람으로서 온라인으로 은행 일을 보는 것을 선호하지만, 저는 이 부정적인 측면 또한 염려됩니다.

어휘

- at least 적어도
- in regards to ~에 관해서
- identity 신원, 신분
- progressively 계속해서
- customer service 고객 서비스
- thought 생각
- consumer 소비자
- I for one 저 또한 그 중 한 사람으로서
- local bank 지방은행
- illegal 불법적인
- day-to-day 그날그날의

Question ❹

 MP3 02-62

What are the advantages and disadvantages of SNS?

SNS의 장점과 단점은 무엇인가요?

나만의 답변 만들기

I will certainly be able to give you a few advantages and disadvantages of SNS, which include greater social connectivity and business opportunities, but also privacy concerns.

저는 SNS의 엄청난 사회 연결성과 비즈니스 기회 및 사생활 침해를 포함한 몇 가지 장점과 단점에 대해 명확하게 이야기할 수 있습니다.

The first thing people consider when they think about social networking is the positive effect it has on social connectivity. We can easily stay in touch with friends and even strangers all over the world. This has allowed for an unprecedented growth in the spread of information and culture. At the same time, new forms of industry and economy have begun along with SNS. These innovations create jobs and allow the world to function more efficiently. Unfortunately, there are disadvantages to social media as well, like the rapid decline of privacy. Corporations, governments, and other organizations now have almost complete access to all of our personal information, and can use it however they choose.

사람들이 소셜 네트워크에 대해 생각할 때 첫 번째로 고려하는 것은 사회 연결성이 가진 긍정적인 영향입니다. 우리는 쉽게 친구들이나 심지어 세계의 모르는 사람들과도 연락하며 지낼 수 있습니다. 이것은 정보와 문화를 확산시키는데 전례 없는 성장을 허용해오고 있습니다. 동시에 새로운 산업의 종류와 경제는 SNS를 따라 시작되고 있습니다. 이런 혁신들은 일자리를 창출하고 세계가 더 효율적으로 기능하게 합니다. 불행히도 사생활 감소라는 소셜미디어의 단점 또한 있습니다. 기업과 정부, 그리고 다른 조직들은 지금 모든 개인정보에 거의 완전한 접속을 하고 그들이 선택한 어떠한 것에든 사용할 수 있습니다.

I still lean toward SNS being beneficial to society, but I grow more worried everyday.

저는 여전히 SNS가 사회에 유익한 존재라는 쪽에 마음이 기울지만 매일 걱정도 커집니다.

- connectivity 연결
- strangers 낯선 사람
- privacy concerns 사생활 침해
- spread 퍼뜨리다, 확산시키다
- innovation 혁신
- lean toward (마음이) 기울다

- stay in touch with ~와 연락을 유지하다
- all over the world 세계 도처에
- unprecedented growth 전례가 없는 성장
- at the same time 동시에
- create 창조하다
- beneficial 유익한

Graphs & Pictures

그래프와 사진 관련 질문

[출제 경향]

이번 PART에서는 자료를 활용하여 문제를 해결하는 유형이 출제됩니다. 주어진 사진, 표, 그래프 등을 단순히 보이는 그대로 묘사하는 것뿐만 아니라, 그 자료를 바탕으로 상황이나 추이를 분석하고 설명해야 합니다. 높은 레벨로 갈수록 현상에 대한 의견이나, 선택한 이유 등이 추가질문으로 따라 나오거나, 사진에서 제시하는 제품을 자신의 방법으로 홍보하거나 판매해보도록 하는 문제가 출제되고 있습니다. 사진이나 표, 그래프를 묘사하는 '순서'를 통해 상세한 설명을 하면서도 논리적으로 탄탄해 보이는 답변이 되도록 하며, 제품의 장점을 어필하는데 쓰이는 어휘나 표현들을 익혀 인상적인 마케터의 모습을 보여주고 고득점을 획득해야 합니다.

[공략법]

❶ 순서를 기억하라.

사진의 경우 묘사하는 순서를 따르면 보다 논리적인 답변을 작성할 수 있습니다. 바로 보이는 중앙의 사물이나 인물이 아닌, 배경이나 장소 등을 먼저 묘사함으로써 서론-본론-결론의 형식을 유지할 수 있습니다. 이러한 답변 구조는 후반부로 갈수록 중요한 정보가 강조되어 면접관으로 하여금 논리적인 답변으로 들리게 할 수 있습니다.

❷ 정형화된 문장을 사용하라.

사진이나 표, 그래프를 묘사하는 문제는 다양하고 복잡한 의미를 가지고 있지 않습니다. 화려한 문체를 활용하는 것보다 주어진 정보를 정확히 묘사하는 것이 중요하므로, 현재형이나 현재진행형을 많이 활용하여 생생한 정보 전달이 될 수 있는 문장을 사용합니다. 서론, 본론, 결론임을 나타내는 문장들이 정해져 있으므로 몇 가지 표현을 익혀두었다가 그대로 응용합니다.

❸ 같은 의미의 어휘와 표현들을 많이 활용해라.

이번 PART의 답변에서는 서론-본론-결론의 형식을 사용하므로, 자칫 똑같은 문장이나 구문을 반복하기 쉽습니다. 같은 의미라도 태의 변화 등으로 다른 문장 구조를 이용하거나 다양한 어휘 및 표현들을 활용하여 진부한 답안이 되지 않도록 합니다.

단순 사람·사물 묘사

 **출제 경향 파악하기**

이 유형의 문제는 사람이나 사물이 있는 사진을 묘사하는 유형으로, 되도록이면 보여지는 모습을 자세히 묘사하는 것이 중요합니다. 다양한 어휘와 표현 사용능력은 물론, 상황에 맞는 어휘 선택력도 평가하므로 사람의 경우에는 동작에 초점을 맞추고, 사물의 경우에는 사물이 놓인 위치에 초점을 맞추어 답안을 작성합니다.

 **기출문제 살펴보기**

❶ Describe the picture. 사진을 묘사하세요.

❷ Describe the picture. 사진을 묘사하세요.

면접관의 마음 훔치기

 장소와 배경묘사로 시작하라.

바로 답안을 시작할 수 있도록 장소와 배경 묘사로 시작하는 서론 문장 정도는 자동으로 나올 수 있게 암기해두는 것이 중요합니다.

Example ❶ 🔊 MP3 03-01

장소	**This is a picture of** the skyscraper. 이것은 고층빌딩 사진입니다.
인원수	**There are** four people on the window. 창문 위에 4명의 사람들이 있습니다.
어휘	• this is a picture of 이것은 ~의 사진입니다 • skyscraper 고층 빌딩　　　• there are ~들이 있습니다 • on the window 창문 위에

Example ❷

 장소
This is a picture taken on the terrace at the beach.
이것은 해변가의 테라스에서 찍힌 사진입니다.

 인원수
There is nobody at the terrace. 테라스에는 아무도 없습니다.

 어휘
· this is a picture taken on 이것은 ~에서 찍힌 사진입니다
· terrace 테라스   · at the beach 해변에서   · nobody 아무도 ~않다

 TIP

장소를 나타내는 표현

· This is a picture of~ 이것은 ~의 사진입니다
· This picture was taken at/in/on 장소 이 사진은 ~에서 찍혔습니다
· This is a picture taken at/in/on 장소 이것은 ~에서 찍힌 사진입니다

인원수를 나타내는 표현

· There are ~ people in this picture 이 사진에는 ~명의 사람들이 있습니다
· I can see ~ people in this picture 이 사진에서 ~명의 사람들을 볼 수 있습니다

공략 Step 2   사람인 경우에는 동작을, 사물인 경우는 위치를 묘사하라.

사람묘사의 경우는 단순히 '~하다'라는 의미를 가진 동사만 사용할 것이 아니라, '~을 하다'라는 문장으로 좀 더 구체적인 묘사를 할 수 있도록 합니다. 사물묘사의 경우는 다양한 전치사를 활용하여 위치에 대한 자세한 묘사를 하도록 합니다.

Example ❶

 MP3 03-03

 동작
They **are cleaning** the windows, hanging from the rope.
사람들은 밧줄에 매달려, 창문을 닦고 있습니다.

It seems like they just start **to clean from the top.**
이제 막 꼭대기부터 닦기 시작한 것처럼 보입니다.

 어휘
· clean 닦다, 청소하다   · hang 매달다, 매달리다
· rope 밧줄   · It seems like ~해 보인다
· start 시작하다   · from the top 꼭대기부터

Example ❷

MP3 03-04

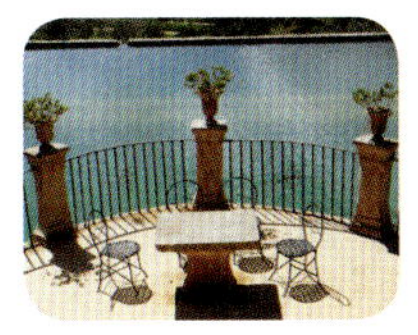

위치

One table and two chairs are **in the middle**.
하나의 테이블과 두 개의 의자가 가운데 있습니다.

It is fenced **along** the terrace.
테라스를 따라 울타리가 쳐져 있습니다.

어휘

- in the middle 가운데에
- fence 울타리
- along ~을 따라

TIP

위치를 나타내는 전치사

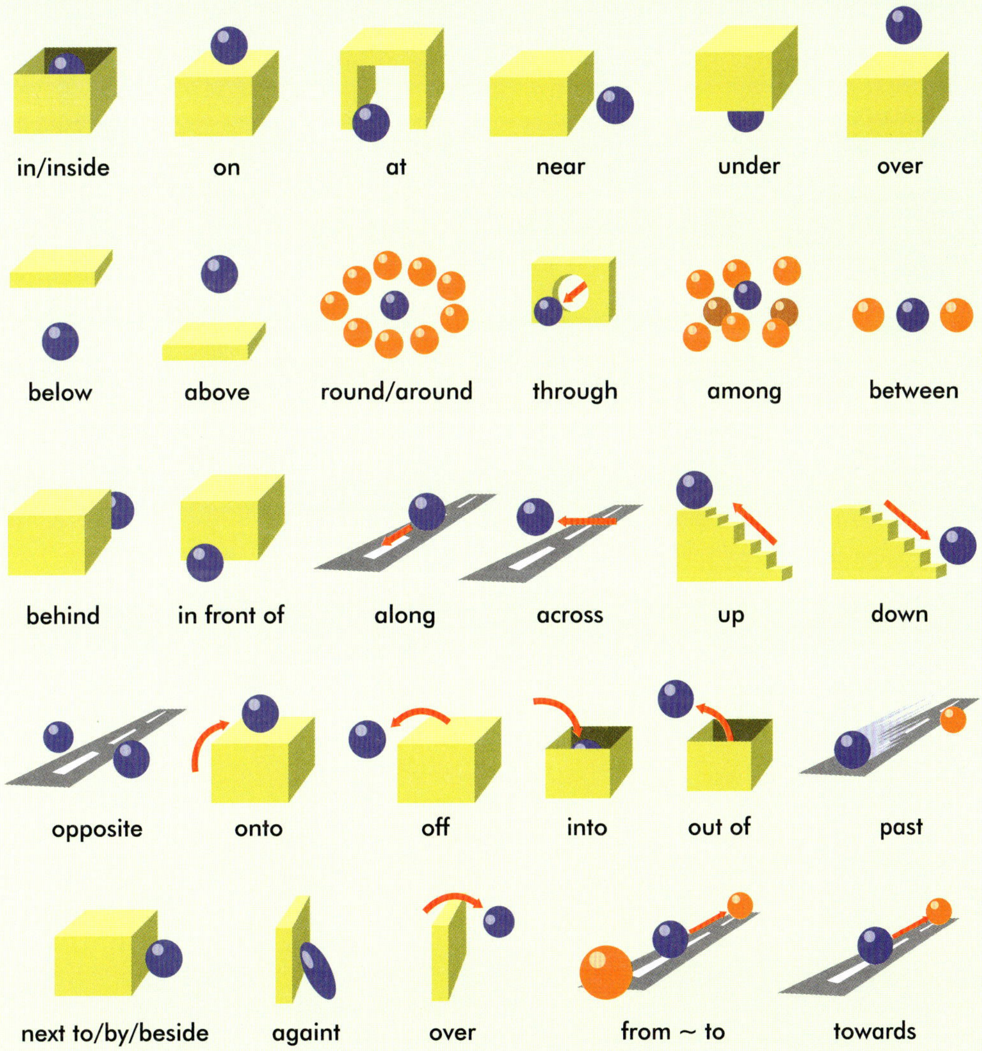
in/inside
on
at
near
under
over
below
above
round/around
through
among
between
behind
in front of
along
across
up
down
opposite
onto
off
into
out of
past
next to/by/beside
againt
over
from ~ to
towards

사진묘사 답안의 마무리를 어떻게 할지 많이 고민합니다. 묘사에서만 끝나면 마무리했다는 사인을 주지 못하기 때문입니다. 이럴 때 사진에서 느껴지는 전반적인 분위기나 본인의 느낌 등을 언급하면서 마무리해주면 됩니다.

Example ❶  MP3 03-05

 It looks a little bit dangerous, but **I think** they work hard.
약간 위험해 보이기는 합니다만, 열심히 일하는 것 같습니다.

- a little bit 조금
- dangerous 위험한
- work 일하다
- hard 열심히

Example ❷  MP3 03-06

 It seems like it is a nice day.
날씨가 매우 좋아 보입니다.

- a nice day 좋은 날씨

 TIP

생각이나 느낌, 분위기를 나타내는 표현

- Maybe it is~ 아마 ~인 것 같습니다
- I think~ ~라 생각됩니다
- I guess~ ~라 추측됩니다
- It looks like~ ~인 것 같습니다
- It seems like~ ~해 보입니다

출제될 문제 예상하기

앞에서 학습한 공략 단계에 따라 출제 가능한 문제를 살펴보고 답변 연습을 해보세요.

Question ❶

MP3 03-07

Describe the picture.

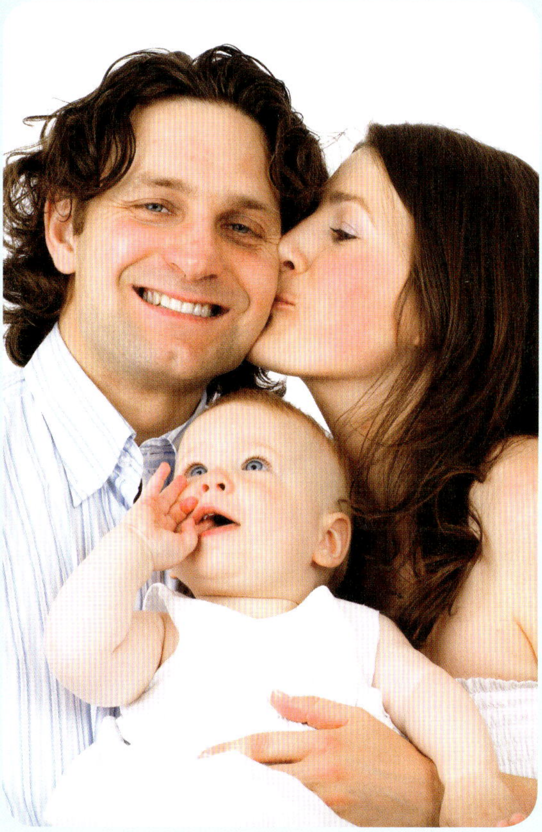

나만의 답변 만들기

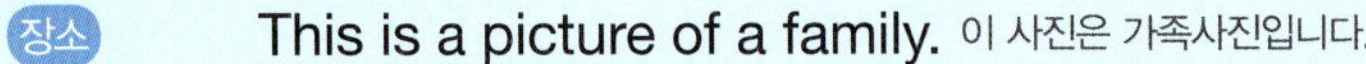

장소   This is a picture of a family. 이 사진은 가족사진입니다.

인원수   There are three people in this picture. 이 사진에는 세 명이 있습니다.

동작   The parents are holding their baby. The father is smiling and the mother is kissing the father on his cheek. And the baby is chewing on its hand. It seems like they are taking a family photo.
부모는 그들의 아기를 안고 있습니다. 아빠는 미소 짓고 있고 엄마는 아기 아빠의 뺨에 키스를 하고 있습니다. 그리고 아기는 자신의 손을 깨물고 있습니다. 그들은 가족사진을 찍고 있는 듯 합니다.

느낌   It looks like they are very happy and enjoying themselves.
그들은 매우 행복하고 즐거워 보입니다.

어휘
- this is a picture of ~의 사진이다
- hold 들다, 안다
- cheek 볼, 뺨
- chew 씹다, 깨물다
- take a photo 사진을 찍다
- looks like ~인 것처럼 보이다

Question ❷

 **MP3 03-08**

Describe the picture.

모범답변

장소
This is a picture of an office. 이 사진은 사무실 사진입니다.

인원수
There are three men in this picture. 사진에는 세 명의 남자가 있습니다.

동작
One man on the left is holding a report and discussing it with another man who is standing next to him. The third man is on the right side, sitting and looking at the camera.
왼쪽의 한 남자는 보고서를 들고 그것에 대해 옆에 서 있는 남자와 논의 중입니다. 오른쪽 세 번째 남자는 앉아서 카메라를 보고 있습니다.

느낌
It looks like it is a little boring there. I think the man in the grey suit is the manager.
저곳은 조금 지루해 보입니다. 제 생각에 회색 양복을 입은 남자가 매니저인 것 같습니다.

어휘
- on the left 왼쪽에
- discuss 상의하다, 논하다
- next to ~바로 옆에
- on the right side 오른쪽에, 우측에
- look at ~을 보다
- boring 재미없는, 지루한

Describe the picture.

 나만의 답변 만들기

모범답변

 장소　　This is a picture of a desk. 이것은 책상 사진입니다.

위치　　There are a laptop and a notebook with a pen on it. The laptop is on the left side of the picture. The notebook is next to it on the right, and the pen is sitting on the left side of the notebook.
노트북과 위에 펜이 놓인 공책 한 권이 있습니다. 노트북은 사진의 왼쪽에 있습니다. 공책은 노트북 옆 오른쪽에 있고, 펜은 공책 위 왼쪽에 놓여 있습니다.

It seems really tidy and like someone is ready to start working.
굉장히 깔끔해 보이고 누군가가 일을 시작할 준비가 되어 있는 것 같습니다.

- laptop 노트북 컴퓨터
- notebook 공책
- left side of the picture 사진의 왼쪽
- next to ~의 옆에
- on the right 오른쪽에, 우측에
- sit on ~위에 있다
- on the left side 왼쪽에, 좌측에
- tidy 깔끔한, 잘 정돈된

Question ❹

 MP3 03-10

Describe the picture.

나만의 답변 만들기

 **장소**

This is a picture taken at night of someone camping in the desert.
이 사진은 사막에서 캠핑을 하는 누군가에게 밤에 찍힌 사진입니다.

 **위치**

There are small mountains, a tent, and two large bushes in the picture. The tent is in between the two bushes in the middle of the picture. There is a light behind the tent. There is light coming from behind the tent, but the mountains in the background are dark and hard to see.
사진에 작은 산들과 텐트, 그리고 두 개의 덤불이 있습니다. 사진 가운데 있는 텐트는 두 개의 덤불 사이에 있습니다. 텐트 뒤에는 전등이 있습니다. 텐트 뒤에서 나오는 전등빛이 보입니다. 배경에 있는 산들은 어둡고 보기가 어렵습니다.

분위기

I think it looks very quiet and peaceful.
제 생각으론 굉장히 조용하고 평화로워 보입니다.

어휘

- this is a picture taken at~ 이 사진은 ~에서 찍혔다
- camp 캠프, 야영하다
- bush 덤불
- behind 뒤에
- in between 중간에
- come from ~에서 나오다
- peaceful 평화로운
- camping 캠핑, 야영
- in the picture 사진 (안)에
- in the background 배경에
- in the middle of the picture 사진 가운데
- quiet 조용한

여러 사진 비교

 ## 출제 경향 파악하기

2개 이상의 사진을 비교하는 유형으로 PART 1, 2에서 난이도 있는 답변을 했을 경우 출제됩니다. 최근에는 난이도와 상관 없이 출제빈도가 높아지고 있으니 반드시 준비해야 합니다. 묘사를 통한 표현력과 문장 구성력을 보기 위함으로, 상상이나 추상적인 사진보다는 공통점과 차이점이 분명하게 드러나는 사진들이 출제됩니다. 따라서 이 유형의 답안을 작성하는 요령을 확인하고, 답안 패턴 안에서 표현을 활용하여 다양한 답안을 작성해보도록 합니다. 더불어 여러 사진 비교 문제가 출제되는 경우, follow-up question으로 이 중 선호하는 것이 무엇인지 묻는 문제가 출제될 가능성이 높으므로 반드시 사진 문제와 관련하여 PART 2의 Preference 답안 연습도 빼놓지 않도록 합니다.

 ## 기출문제 살펴보기

Compare and contrast these two pictures. 두 사진의 차이를 비교해보세요.

공략 Step 1 　먼저 공통점을 찾아라.

사진은 큰 주제로 공통점이 반드시 있기 마련입니다. 그 주제를 소개하듯이 묘사의 서두는 반드시 공통점을 묘사하는 문장들로 시작합니다. 여러 가지 공통점이 있다고 소개하는 도입문장을 중심으로 어떤 것들이 공통적인지 순서대로 묘사해줍니다.

Example ❶

 MP3 03-11

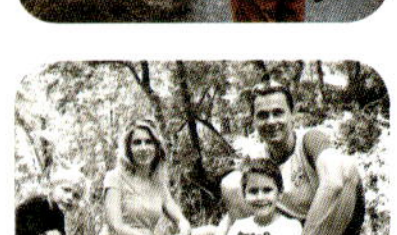

도입
There are a few similarities between the two pictures.
두 사진들 사이에는 몇 가지의 공통점이 있습니다.

묘사
The first similarity is both pictures are taken in nature.
첫 번째 공통점은 두 사진들이 자연에서 찍혔다는 것입니다.

The second similarity is they both show streams.
두 번째 공통점은 두 사진 다 개울이 보인다는 것입니다.

어휘
• there are ~(들)이 있다
• a few 몇 개의, 조금
• similarity 공통점, 유사성
• between 사이에

공통점에 비해 차이점은 사진 각각을 일일이 묘사해야 하므로 여러 가지를 나열하기 보다, 어떻게 다른지 디테일하게 묘사하는 것이 좋습니다.

Example ❶

🔊 **MP3** 03-12

도입
There are also differences between the pictures.
두 사진들 사이에는 몇 가지의 다른 점도 있습니다.

묘사
One of the differences is the number of people. The first picture only shows one person in nature, but the second picture shows a family.
Another difference is the weather. In the first picture, it looks cold. The man is wearing a winter hat and a warm jacket, and a mountain is covered with snow.
However, the second picture looks warm because the family is wearing shorts and short-sleeved t-shirts. There are flowers on the bushes behind them.

다른 점 중 하나는 인원수입니다. 첫 번째 사진은 자연에 있는 한 사람만 보이고 있지만, 두 번째 사진은 한 가족을 보이고 있습니다. 또 하나의 다른 점은 날씨입니다. 첫 사진의 날씨는 추워 보입니다. 한 남자는 겨울 털모자와 따뜻한 재킷을 입고 있고, 산은 눈으로 뒤덮여 있습니다. 하지만 두 번째 사진은 따뜻해 보입니다. 왜냐하면 가족들은 반바지와 반팔티를 입고 있기 때문입니다. 그들 뒤의 덤불에는 꽃들이 있습니다.

어휘
- difference 다른 점
- the number of people 인원수
- another difference is 또 다른 점은
- short-sleeved 반소매의
- one of ~중 하나
- in nature 자연의
- be covered with ~으로 뒤덮인

출제될 문제 예상하기

앞에서 학습한 공략 단계에 따라 출제 가능한 문제를 살펴보고 답변 연습을 해보세요.

Question ❶　　　　　　　　　　　　　　MP3 03-13

Compare and contrast these two pictures.

나만의 답변 만들기

공통점 – 도입   There are a few things in common between the two pictures.
이 두 사진에는 몇 가지 공통점이 있습니다.

묘사   The first common thing is both pictures are taken at work. The second common thing is people are listening to a presentation.
첫 번째 공통점은 두 사진 다 회사에서 찍혔다는 것입니다. 두 번째 공통점은 사람들이 발표를 듣고 있다는 점입니다.

차이점 – 도입   There are also differences between the pictures.
두 사진 사이에는 다른 점들도 있습니다.

묘사   One of the differences is the type of meeting. In the first picture, it looks like a small team meeting. There are only five people in the room. But, in the second picture, it is a large conference, and there are many people sitting in the room.
Another difference is the type of presentation. In the first picture, the speaker is using a small whiteboard to make his points and everyone is discussing their ideas. However, in the second picture the speaker using a projector on a large screen to give a PowerPoint presentation and the audience is listening carefully.

하나의 다른 점은 회의 유형입니다. 첫 번째 사진은, 작은 팀 회의인 것처럼 보입니다. 회의실에는 5명의 사람들만이 있습니다. 그러나 두 번째 사진에는, 큰 회의이고, 많은 사람이 회의실에 앉아 있습니다.
또 다른 점은 발표의 종류입니다. 첫 번째 사진의 발표자는 그의 요점을 명확하게 하기 위해 작은 하얀 칠판을 사용하고, 모든 사람이 그들의 아이디어에 대해 토론하는 중입니다. 반면, 두 번째 사진의 발표자는 큰 화면을 사용하여 영상 발표를 하고 있고 청중은 주의 깊게 발표를 듣고 있습니다.

어휘

- in common 공통점
- difference 차이, 다름
- conference 회의, 학회, 회담
- projector 영사기
- audience 청중
- presentation 발표
- type of ~종류의
- to make one's points ~의 요점을 명확히 하기 위해
- give a presentation 보고하다, ~을 설명하다
- carefully 주의 깊게

 MP3 03-14

Compare and contrast these two pictures.

나만의 답변 만들기

[공통점-도입] There are some similarities between the two pictures.
두 사진에는 몇 가지 유사점들이 있습니다.

[묘사] The first similarity is both pictures were taken at a table. The second similarity is they both show a pair of hands working.
첫 번째 유사점은 두 사진 모두 테이블에서 찍혔다는 것입니다. 두 번째 유사점은 두 사진 다 일하고 있는 양손을 보여주고 있다는 것입니다.

[차이점-도입] There are also differences between the pictures.
두 사진에는 다른 점들도 있습니다.

[묘사] One of the differences is what they are using.
In the first picture, the person is using a pen and notebook to write something. But, in the second picture, the person is using a laptop to do something.
Another difference is the number of objects in the picture. In the first picture, there is nothing but a notebook and a pen. On the other hand, in the second picture there are many things, like a coffee mug, a smart phone and a small notebook.
다른 점들 중 하나는 그들이 사용하고 있는 것입니다. 첫 번째 사진에는 한 사람이 무언가를 적기 위해 공책과 펜을 사용하고 있습니다. 그렇지만 두 번째 사진은 무언가를 하기 위해 노트북을 사용하고 있습니다. 다른 점은 사진 속의 물건의 개수입니다. 첫 번째 사진에는 노트 한 권과 펜 한 자루만 있습니다. 반면에 두 번째 사진에는 커피잔과 스마트폰, 그리고 작은 공책 등 여러 가지 물건들이 있습니다.

[어휘]
- a pair of hands 양손, 일손
- on the other hand 반면에
- the number of object 물건의 개수
- mug 머그잔

Compare and contrast these two pictures.

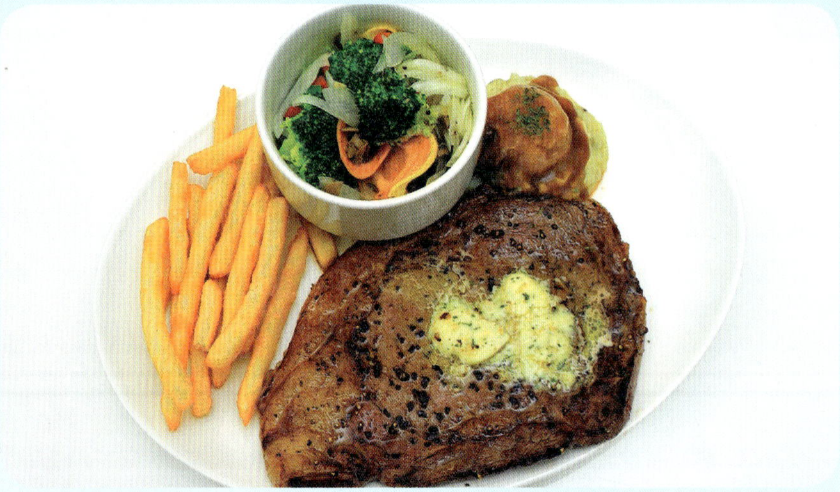

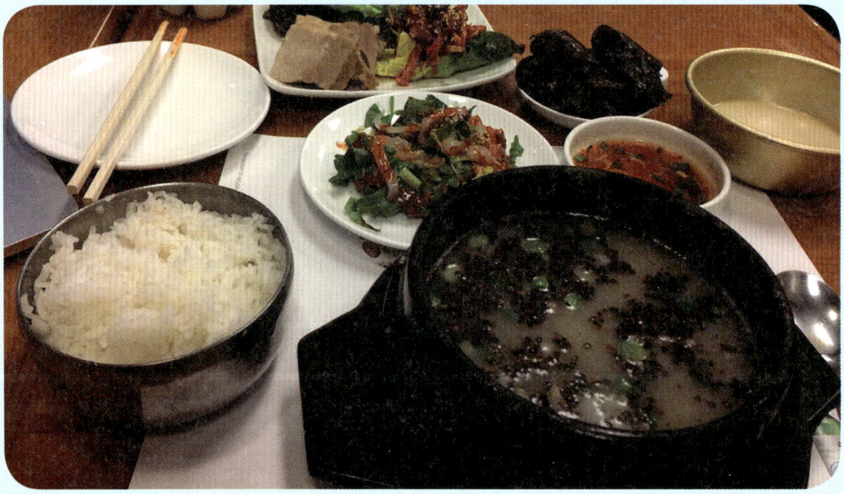

나만의 답변 만들기

공통점 – 도입
There are some things in common between the two pictures.
이 두 사진에는 몇 가지 공통점이 있습니다.

묘사
The first common thing is they both are meals. The second common thing is they both have meat and vegetables.
첫 번째 공통점은 둘 다 음식 사진이라는 점입니다. 두 번째 공통점은 둘 다 고기와 채소들이 있다는 것입니다.

차이점 – 도입
There are also differences between the pictures.
두 사진에는 다른 점들도 있습니다.

묘사
One of the differences is the type of food. In the first picture, it is western food. There are French fries and steak. But, in the second picture, it is Korean food, and there are soup and rice. Another difference is how the food is served. In the first picture, the side dishes are all served on one large plate. On the other hand, in the second picture there are side dishes served on many different plates.
다른 점 중 하나는 음식의 종류입니다. 첫 번째 사진은 서양음식입니다. 감자튀김과 스테이크가 있습니다. 반면 두 번째 사진은 한국음식으로 국과 밥이 있습니다. 다른 점은 음식이 제공되는 방법입니다. 첫 번째 사진에는 하나의 큰 접시에 모든 곁들임 요리들이 제공됩니다. 반면, 두 번째 사진에는 다른 접시들에 반찬들이 제공됩니다.

어휘

- meal 식사
- western food 서양음식
- side dish 반찬, 곁들임 요리
- vegetable 채소
- french fries 감자튀김
- plate 접시
- the type of food 음식의 종류
- serve 제공하다

Compare and contrast these two pictures.

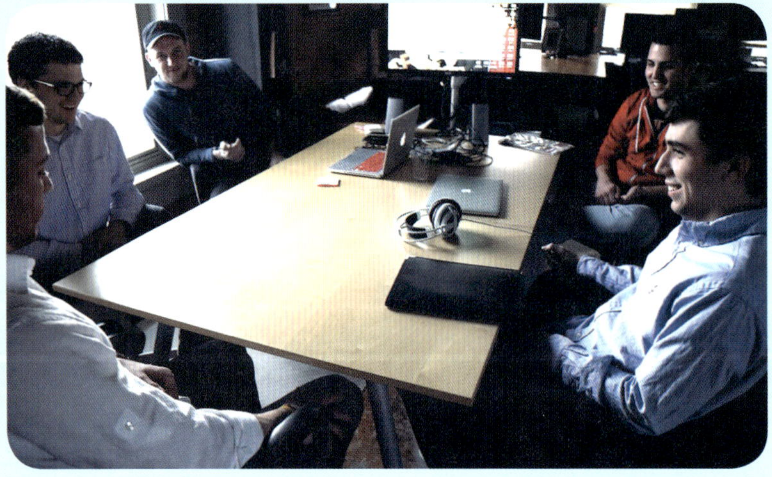

나만의 답변 만들기

공통점 - 도입

There are a couple of similarities between the two pictures.
두 개의 사진에는 두 가지 정도의 유사점이 있습니다.

묘사

The first similarity is they both show computers on tables.
The second similarity is they both show people working.
첫 번째 유사점은 두 사진 다 테이블 위에 컴퓨터들이 보인다는 것입니다. 두 번째 유사점은 일하고 있는 사람들을 보여주고 있다는 것입니다.

차이점 - 도입

There are also differences between the pictures.
두 사진에는 다른 점들도 있습니다.

묘사

One of the differences is the number of people. In the first picture, there is only one person working by herself. But, in the second picture, there are five people talking together.
Another difference is the mood in the picture. In the first picture, the woman seems very serious because she is very focused on her work. In contrast, in the second picture everyone seems relaxed and in a good mood because they are enjoying the conversation.
다른 점 중 하나는 인원수입니다. 첫 번째 사진에는 혼자 일하고 있는 여자가 있습니다. 반면 두 번째 사진에는 5명의 같이 일하고 있는 사람들이 있습니다.
다른 점은 사진 속의 분위기입니다. 첫 번째 사진에는 여자가 그녀의 일에 집중하고 있기 때문에 매우 진지한 것 같습니다. 그에 반해 두 번째 사진에는 모두가 대화를 즐기고 있기 때문에 여유 있고 기분 좋아 보입니다.

어휘

- a couple of 두 개 정도의
- seem ~인 것 같다
- in contrast 그에 반해서
- in a good mood 기분이 좋은
- by herself 그녀 혼자
- serious 심각한, 진지한
- relaxed 느긋한, 여유 있는
- conversation 대화
- mood 분위기, 기분
- focused on ~에 중점을 둔

사진 속 물건 팔기

출제 경향 파악하기

PART 1, 2에서 난이도 있는 답변을 한 경우 빈번하게 출제되는 사진 문제입니다. 답변을 실제 물건을 파는 판매자처럼 해야 하므로 실제 대화를 하듯 구어체 표현을 사용하는 것도 점수를 얻는 방법입니다. 사진에 나와있는 물건의 특징을 드라마틱하게 설명하되, 너무 심한 과장이나 자극적인 표현으로 반감을 사지 않도록 합니다. 질문, 감정의 호소, 인용문 사용 등 상대방의 집중을 끌 수 있는 표현이나 문장들을 미리 알아두고 상황에 맞게 활용하도록 합니다.

기출문제 살펴보기

❶ Sell this house. 이 집을 팔아보세요.

❷ Sell this car. 이 차를 팔아보세요.

 면접관의 마음 훔치기

공략 Step 1 | 첫 문장으로 관심을 사로잡아라.

구매의사가 없는 사람이라도 흥미나 관심을 보일 수 있는 문장으로 답안을 시작합니다. 정답은 없으므로 선호하는 방식에 따라 다양한 문장을 활용하세요. 쉽고 빨리 생각이 나거나, 입에서 쉽게 나오는 구어체 문장 중 하나를 선택하는 것이 다양한 문제에서 활용하기 좋습니다.

Example ❶
 MP3 03-17

관심 끌기

I have a great opportunity for you! Don't miss out on this incredible deal!

당신을 위한 멋진 기회가 있습니다! 이 엄청난 거래를 놓치지 마세요!

어휘

- opportunity 기회
- incredible 믿을 수 없는
- miss out on ~을 놓치다
- deal 거래

Example ❷
 MP3 03-18

관심 끌기

Do you want to make your girlfriend happy?
She will love this fabulous car.

당신의 여자친구를 행복하게 만들기를 원하십니까? 그녀는 이 멋진 차를 사랑할 것입니다.

어휘

- fabulous 굉장한, 엄청난

시작 문장으로 사용할 수 있는 예문들

· Take a look at this! I have got a deal on a　　　 for you!

이것 좀 한 번 보세요! 당신을 위해　　　가 아주 좋은 가격에 나왔습니다!

· Are you ready for an awesome　　　? It's a limited time offer!

정말 멋진　　　를 가질 준비가 되셨나요? 한정 상품입니다!

· If you are looking for an amazing　　　, now is your chance!

멋진　　　를 찾고 계신다면, 바로 지금이 기회입니다!

· Are you ready for an exciting new　　　? Here it is!

새로운　　　를 찾고 계신가요? 여기 있습니다!

· I am so excited to be able to offer you this newest model of　　　.

　　　의 새로운 모델을 알려드릴 수 있게 되어 너무 기쁩니다.

· I have a great opportunity for you! Don't miss out on this incredible　　　.

당신을 위한 정말 좋은 기회가 있습니다! 놀라운　　　를 놓치지 마세요!

· Do you want to make your girlfriend happy? She will love this fabulous　　　.

여자친구를 행복하게 만들어주고 싶으신가요? 아마 이 멋진　　　를 좋아할 겁니다!

공략 Step 2　　**특징을 언급하되 묘사하는 형용사를 많이 넣어라.**

특징을 자세하게 묘사하는 위해서는 다양한 형용사를 사용하는 것이 좋습니다. 다양한 형용사를 외워두고 같은 의미의 형용사라도 반복해서 사용하는 연습을 많이 하세요. 또한 형용사를 이용한 표현을 극대화하기 위해 의미를 강조하는 부사들도 함께 익혀둡니다.

Example ❶　　　　　　　　　　 **MP3** 03-19

 특징

This beautiful beach property just went on sale. It has 10 luxurious bedrooms, 12 bathrooms, an enormous boat dock and is just 10 minutes from the exciting beach nightlife. It is fully furnished with the highest quality of furniture available. Best of all, the price was just reduced by 30% because the owner is in a hurry to sell.

이 아름다운 해변의 건물이 지금 나왔습니다. 10개의 호화로운 침실과, 12개의 화장실, 그리고 거대한 보트 선창이 있으며, 흥미로운 해변의 밤을 즐기는 오락시설로부터 단지 10분 거리입니다. 이곳은 최상급 품질의 가구가 완비되어 있습니다. 무엇보다 주인이 서둘러 팔아야 하는 이유로 가격이 30%까지 할인되었습니다.

- property 재산, 소유물 (건물과 땅)
- luxurious 호화로운
- dock 부두, 선창
- be fully furnished with ~로 완비되어 있다
- available 이용 가능한
- reduced by ~까지 감소되다, 할인되다
- on sale 판매되는, 할인 중인
- enormous 거대한
- nightlife 밤문화
- quality 품질
- best of all 무엇보다도, 특히

Example ❷

 **MP3** 03-20

The 2017 BMW Q Series. It is the newest and hottest model of BMW in years. People can't wait to get their hands on stunning example of German engineering. The Q Series can reach speeds of up to 210 kilometers an hour, and has a convertible roof, leather seats, entertainment and computer packages, and surprisingly good gas mileage. For this 10-day promotion, special low-rate financing is available.

2017년식 BMW Q 시리즈. BMW의 가장 최신형이자 오랜 시간 인기 있는 모델입니다. 많은 분이 너무나 멋진 독일 기술의 결정체를 학수고대하였습니다. Q 시리즈는 시속 210 킬로미터까지 도달할 수 있고 (지붕을 열고 닫을 수 있는) 컨버터블, 가죽 의자, 오락과 컴퓨터 패키지와 놀랄 만큼 좋은 연비를 가지고 있습니다. 이번 10일간의 판촉기간 동안 특별한 저금리 금융을 이용할 수 있습니다.

- the newest 가장 최신의
- in years 몇 년 동안, 오랫동안
- can't wait to get their hands on (물건을) 손에 넣기를 학수고대하다
- stunning 굉장히 아름다운
- up to ~까지
- convertible 전환 가능한
- entertainment 오락
- surprisingly 놀랄 만큼
- promotion 홍보, 판촉
- financing 금융
- the hottest 가장 인기 있는
- engineering 공학기술
- kilometers an hour 시속 ~킬로미터로
- leather 가죽
- computer packages 컴퓨터 패키지
- gas mileage 연비
- low-rate 저율
- available 이용할 수 있는

이 문제 유형이야말로 어떻게 답변을 마무리할지 난감할 수 있습니다. 물건을 판매하는 유형의 경우, 앞서 언급한 장점들 때문에 지금 이 물건을 사야 한다는 문장으로 어필하며 마무리하면 됩니다. 모든 물건에 공통으로 적용할 수 있는 문장을 활용하는 것도 TIP입니다.

Example ❶

MP3 03-21

마무리
You will never find another offer this good! Don't delay!
결코 이렇게 좋은 조건은 없을 겁니다! 늦지 마세요!

어휘
· offer 제안   · delay 연기하다, 지연하다

Example ❷

MP3 03-22

마무리
This amazing deal is only available for a limited time. Don't wait, act now!
이 놀라운 거래는 한정된 시간에만 가능합니다. 기다리지 마세요, 지금 바로 행동하세요!

어휘
· amazing 놀라운   · deal 거래   · limited time 한정된 시간

TIP

마지막 문장으로 사용할 수 있는 예문들

· And those incredible features are just the beginning! This item is selling fast, so act now or you'll be left out of this one-of-a kind deal!
이런 놀라운 것들은 시작에 불과합니다. 빨리 팔리고 있으니, 서두르세요! 그렇지 않으면 이 좋은 기회를 놓칠 것입니다!

· This amazing deal is only available for a limited time. Don't wait, act now!
이 놀라운 기회는 시간이 얼마 남지 않았습니다. 주저하지 말고, 바로 구입하세요!

· A deal for this awesome product won't last long, so buy one today!
이 멋진 제품을 살 기회가 길지 않습니다. 바로 오늘 구입하세요!

· You will never find another offer this good! You don't have one yet? Then come and get it!
이보다 더 좋은 기회가 없을 겁니다! 아직도 없으시다고요? 바로 와서 구입하세요!

· It is guaranteed to last for years, and satisfaction is guaranteed.
정말 오래 사용할 것을 보장합니다. 만족도 역시 보장합니다.

출제될 문제 예상하기

앞에서 학습한 공략 단계에 따라 출제 가능한 문제를 살펴보고 답변 연습을 해보세요.

Question ❶　　　　　　　　　　　　　　　　　　🔊 **MP3** 03-23

Sell this sofa. 이 소파를 판매하세요.

나만의 답변 만들기

관심 끌기

I am so excited to be able to offer you this newest model of sofa.
저는 이 최신 모델의 소파를 제안할 수 있다는 것에 무척 신이 납니다.

특징

It was designed by a legendary Italian furniture company, and is made of the newest and most comfortable materials. The shape was chosen specifically to fit the natural structure of the human body. It will be the most relaxing and comfortable piece of sofa you own, whether you are sitting or sleeping. It is guaranteed to last for years, and satisfaction is guaranteed.

이것은 전설적인 이탈리안 가구 회사에 의해 디자인되었고 최신 소재와 가장 편안한 소재로 만들어졌습니다. 이 모양은 특별히 인체구조에 적합하게 선정되었습니다. 이것은 앉든지 자든지 당신이 가진 가장 편안하고 안락한 소파가 될 것입니다. 오랜 기간 사용할 수 있고, 당신의 만족을 보장합니다.

마무리

If you aren't happy with the couch you can return it for your money back.
만약 이 소파로 만족스럽지 않으시다면 반품하고 환불 받을 수 있습니다.

어휘

- excited 신이 난, 흥분한
- designed by ~에 의해 디자인 된
- Italian 이탈리아의, 이탈리아인
- be made of ~으로 만들어진
- material 재료
- specifically 특별히
- natural 자연의, 자연스러운
- human body 인체
- a piece of 하나의
- last 오래가다
- couch 소파

- newest model 최신 모델
- legendary 전설적인
- furniture 가구
- comfortable 편안한, 안락한
- be chosen to ~로 선정된
- fit 맞다
- structure 구조
- relaxing 편안한
- guaranteed 확실한, 보장된
- satisfaction 만족
- for your money back 환불하다

Sell this selfie stick. 이 셀카봉을 판매하세요.

나만의 답변 만들기

Take a look at this! I have got a deal on a selfie stick for you!

보세요! 여러분을 위한 아주 좋은 셀카봉이있습니다!

This is the newest, lightest, and easiest to use selfie stick that has ever been available. It extends up to a meter in length and folds conveniently to fit in your backpack or purse. The remote shooting function and swiveling head let you take the most amazing pictures of yourself and your friends from 360 degrees.

이것은 지금까지의 셀카봉 중 가장 최신이고, 가장 가볍고 가장 사용하기 쉽습니다. 길이를 1미터까지 늘릴 수 있지만 가방이나 핸드백에 딱 들어가도록 접을 수 있습니다. 리모컨 촬영기능과 360도 회전되는 머리부분은 360도 각도에서 여러분과 친구들이 가장 멋진 사진을 찍도록 해줄 것입니다.

And those incredible features are just the beginning! This item is selling fast, so act now or you'll be left out of this one-of-a kind deal!

이 믿기 힘든 기능들은 단지 시작에 불과합니다! 이 상품은 빠르게 팔리고 있는 중입니다. 지금 (구매)행동하세요, 아니면 당신은 이 특별한 거래에서 소외될 것입니다!

어휘

• take a look at ~을 보다	• selfie stick 셀카봉
• extend 늘리다	• up to ~까지
• in length 길이는	• fold 접다
• conveniently 편리하게	• backpack 배낭
• purse 핸드백	• remote 리모컨
• shooting function 촬영 기능	• swivel 회전 고리
• degrees 도, 각도	• incredible 믿기 힘든
• feature 특징	• item 항목, 상품
• left out 소외되다	• one-of a kind 특별한, 독특한

Sell this electric unicycle. 이 전동휠을 판매하세요

나만의 답변 만들기

 Are you ready for an exciting new electric unicycle? Here it is!
흥미진진한 신제품 외발 전동휠을 탈 준비가 되었습니까? 여기 있습니다!

 The electric unicycle is the most interesting transportation you will ever see. It has a max speed of 22 miles per hour, but it is only the size of backpack. This self-balancing device helps you ride easily on city streets as well as dirt, grass, and gravel. The battery is easy and fast to charge, and a full charge will last for 20 hours of riding. Many expert users recommend this model, especially at this price!

이 외발 전동휠은 당신이 본 중 가장 흥미로운 이동수단입니다. 시속 22마일까지 달릴 수 있지만, 크기는 오직 배낭 정도입니다. 이 자기 평형 장치는 도시의 도로에서뿐만 아니라 자갈과 잔디, 그리고 흙길에서도 쉽게 탈 수 있습니다. 배터리는 쉽고 빠르게 충전되며, 최대 충전하면 20시간 지속됩니다. 많은 전문 사용자들은 특히 이 가격의 이 모델을 추천합니다!

A product this awesome won't last long, so buy one today!
이 멋진 상품은 오래 남아있지 않을 겁니다. 그러니 오늘 구입하세요!

- electric unicycle 외발 전동휠
- transportation 운송수단, 탈것
- speed 속도
- self-balancing 자기 평형
- as well as ~뿐만 아니라
- grass 잔디
- charge 충전하다
- at this price 이 가격에
- interesting 흥미로운
- max 최대, 최고
- per hour 매 시, 시속
- device 장치
- dirt 흙
- gravel 자갈
- last 지속되다
- awesome 아주 멋진

Sell this smart watch. 이 스마트 워치를 판매하세요.

나만의 답변 만들기

 If you are looking for an amazing smart watch, now is your chance! It's a limited time offer!

만약 놀라운 스마트 워치를 찾고 있다면 지금이 기회입니다! 한시적으로 제공되는 할인입니다!

 The coolest and most advanced new technology accessory is the smart watch, and today we have an amazing deal at 20% off the retail price. It tells the time, of course, but it also connects to your phone. You will never miss an important message again. It is upgradeable and will work with any kind of smart phone. Look stylish and be practical at the same time!

이것은 가장 멋지고 앞선 신기술의 스마트 워치입니다. 그리고 오늘 20% 할인된 가격으로 판매합니다. 이 제품은 시간은 물론, 전화기와 연결할 수 있습니다. 앞으로 다시는 중요한 메시지를 놓치는 일이 없을 겁니다. 이 제품은 업그레이드가 가능하고 어떠한 스마트폰과도 연결할 수 있습니다. 세련되고 실용적인 제품을 어서 구경하세요!

 You will never find another offer this good! You don't have one yet? Then come and get it!

이렇게 좋은 조건은 찾을 수 없을 겁니다! 아직 안 가지고 계시다고요? 그렇다면 와서 가져가세요!

- look for ~을 찾다
- limited time offer 한시적으로 제공되는 제안, 할인
- advanced 진보한, 앞선
- accessory 부대용품, 액세서리
- the retail price 소매 가격
- work with ~와 작동되다
- stylish 유행을 따른, 멋진
- at the same time 동시에
- awesome 아주 멋진
- coolest 가장 멋진
- technology 기술
- at 20% off 20% 할인
- upgradeable 업그레이드가 가능한
- any kind of 어떤 종류의
- practical 실용적인

원·선·막대 그래프 묘사 UNIT 04

 ## 출제 경향 파악하기

그래프가 나오는 문제는 주로 사회현상과 관련된 주제가 많이 출제되고 있으므로 현재 다뤄지고 있는 다양한 사회 이슈 등을 배경지식(Background Knowledge)으로 알아두면 쉽게 공략할 수 있습니다. 그 래프 묘사 후에, 추이나 결과에 대한 예측이나 관련 주제에 대한 의견말하기 문제가 반드시 뒤따라 나오 므로 세트로 묶어서 연습해 두어야 합니다.

 ## 기출문제 살펴보기

❶ Please describe this graph. 이 그래프를 설명하세요.

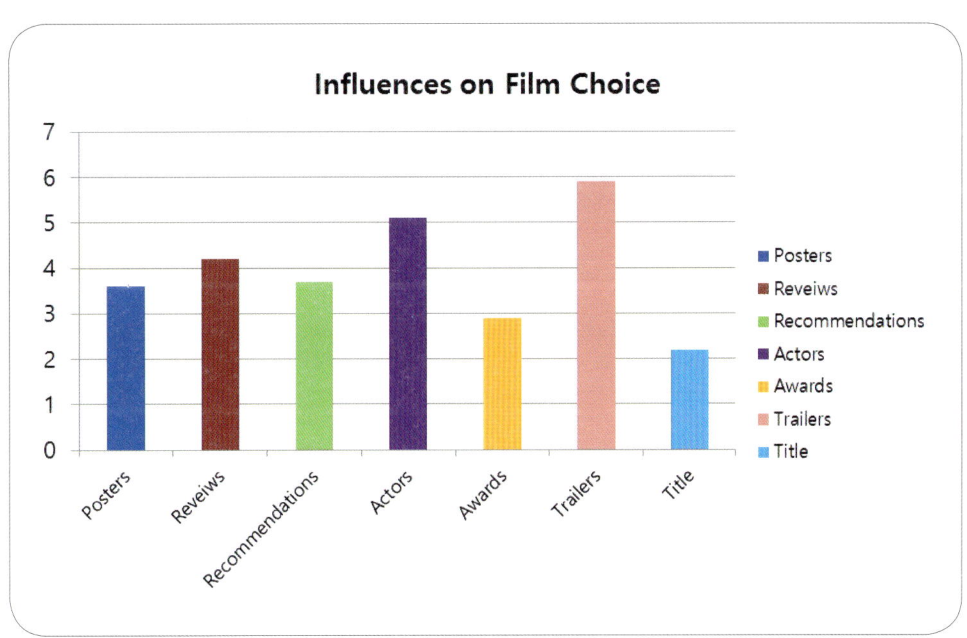

❷ **Please describe this graph.** 이 그래프를 설명하세요.

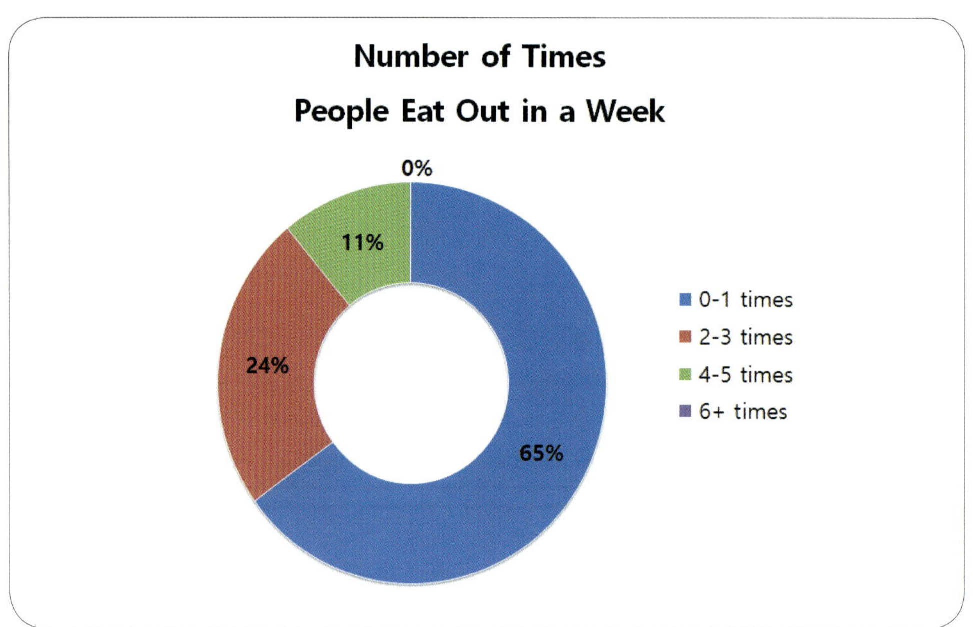

❸ **Please describe this graph.** 이 그래프를 설명하세요.

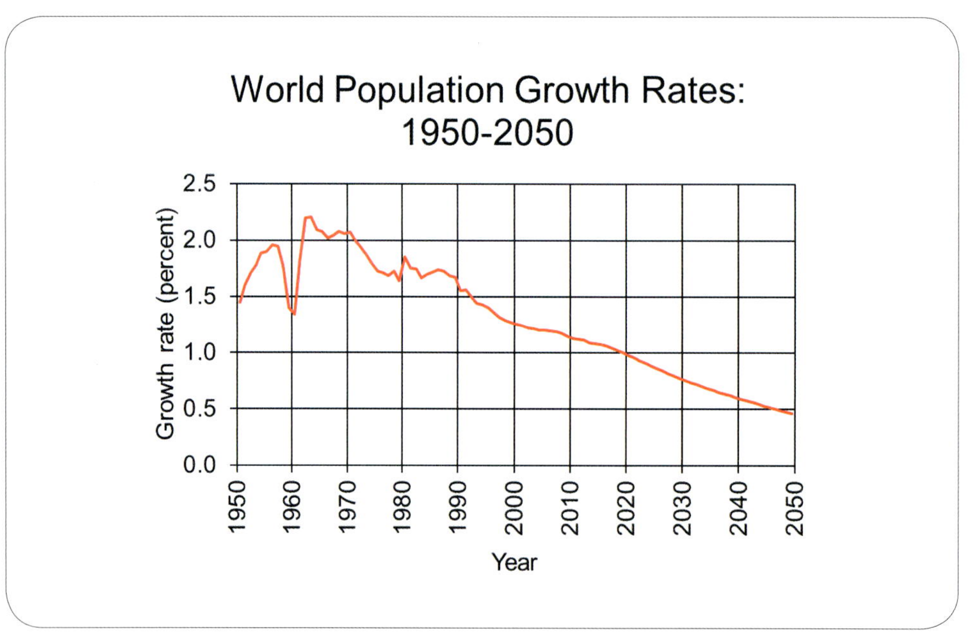

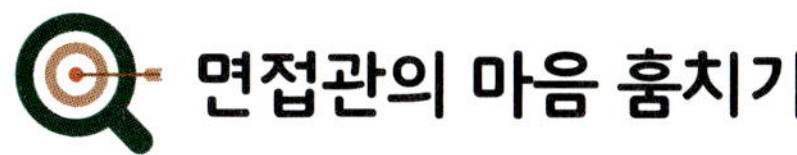
면접관의 마음 훔치기

대부분의 그래프는 무엇에 대한 그래프인지 제목을 표기하고 있습니다. 따라서 첫 번째 문장은 '~에 대한 그래프입니다'라는 도입 문장으로 그래프의 제목을 문장으로 풀어서 설명해줍니다.

Example ❶

 MP3 03-27

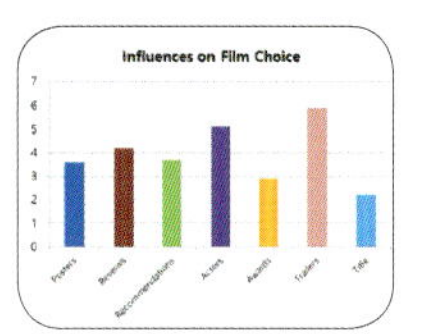

This is a bar graph about influences on film choice.
이것은 영화 선택의 영향에 대한 막대그래프입니다.

- bar graph 막대그래프
- influence on ~에 대한 영향

Example ❷

 MP3 03-28

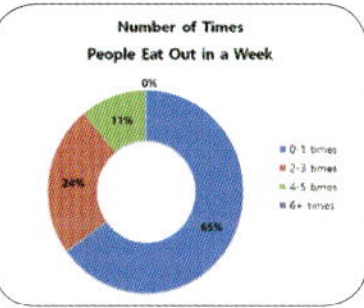

This pie chart shows the number of times people eat out in a week.
이 원그래프는 일주일 동안 사람들이 외식하는 횟수를 보여줍니다.

- pie chart 파이(원) 그래프, 원형 도표
- the number of times 횟수
- eat out 외식하다
- in a week 일주일 동안, 한 주에

Example ❸

 MP3 03-29

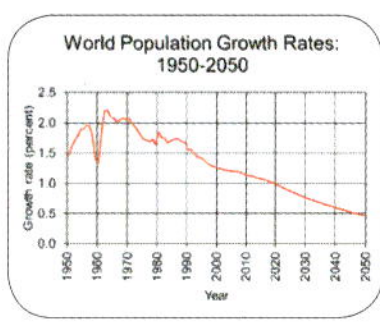

From this graph, we can see the world population growth rates from 1950 to 2050.
이 그래프에서 우리는 1950년부터 2050년까지 세계 인구의 성장률을 볼 수 있습니다.

- the world population 세계 인구
- growth rate 성장률
- from ~ to ~부터 ~까지

Graph 소개 표현 모음

· ～에 대한 그래프입니다

❶ This is a (bar/line) graph about~

❷ This is a pie chart about~

❸ This (bar graph/line graph/pie chart) tells us about~

❹ This (bar/pie/line) graph (represents/shows/means/demonstrates)~

❺ From this graph, we can see~

❻ Looking at this chart, we can tell~

❼ In this graph, we see~

공략 Step 2 그래프의 특징을 이해하고 묘사하라.

그래프의 종류에 따라 현상을 묘사하고자 하는 특징이 다릅니다. 막대그래프의 경우 항목들 간의 비교이므로 최고치와 최저치를 기록하는 항목을 언급하고, 몇 배의 차이를 보이는지, 어떤 항목이 어떤 항목보다 큰지 등을 언급해주어야 합니다. 원 그래프는 차지하는 비율을 나타내기 위함이므로 항목들의 %를 언급하고, 전체 중 얼마를 차지하는지 분수를 통해 나타내 줍니다. 마지막으로 선 그래프의 경우, 추이를 보기 위함으로 해당 항목들 간에 증가 추세를 보이는지 감소 추세를 보이는지 언급해줍니다.

Example ❶

🔊 MP3 03-30

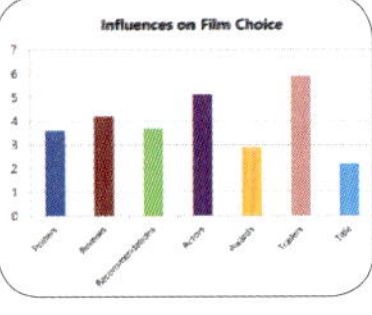

The highest number is in the trailers column, with 6. The lowest is in the title column, with 2. The review column is twice as big as the title column, with 4. The recommendations column is a little bigger than the awards column. Posters is the same size as recommendations.

최고치는 예고편으로 6입니다. 최저치는 제목이며 2입니다. 비평은 제목의 두 배인 4입니다. 추천은 상보다 조금 크며 포스터는 추천과 같은 수치입니다.

- the highest number 가장 높은 수, 최고치
- column 기둥
- review 비평
- recommendation 추천
- poster 포스터, 벽보
- trailer 예고편
- the lowest 가장 낮은 수, 최저치
- as big as ～만큼 크다
- award 상

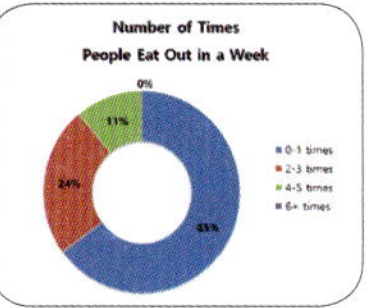

65 percent of people eat out 0 to 1 times a week, which is about 2/3rds. 24 percent of people eat out 2-3 times a week, or about a quarter. Only 11 percent of people eat out 4 to 5 times a week, which is about one out of ten, and nobody eats out more than 6 times a week.

3분의 2 정도인 65%의 사람들은 일주일에 0~1회 외식합니다. 4분의 1 정도가 되는 24%의 사람들은 일주일에 2~3회 외식을 합니다. 10분의 1정도인 11%는 일주일에 4~5번 외식을 합니다. 그리고 일주일에 6번 이상 외식을 하는 사람은 없습니다.

- 2/3rds 3분의 2
- a quarter 4분의 1
- 2~3 times a week 일주일에 두세 번
- one out of ten 10분의 1
- times 횟수

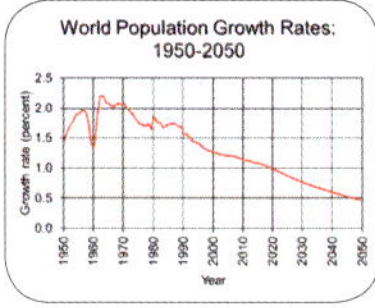

The world population growth rate increased from 1.5 percent in 1950 to a little more than 2.0 percent just after 1960. After that, the growth rate has decreased by about 0.5 percent every 20 years. The current growth rate is about 1.0 percent.

세계 인구 성장률은 1950년에 1.5%에서 1960이 지나 2.0% 보다 조금 더 증가했습니다. 그 후로, 성장률은 매 20년마다 0.5% 감소하고 있습니다. 현재 인구 성장률은 대략 1.0%입니다.

- the world population growth rate 세계 인구 성장률
- increase 증가하다
- decrease 감소하다
- every 매~, ~마다
- current 현재

그래프를 묘사하는 문제의 마무리는 제시된 그래프를 통해 유추할 수 있는 문장을 언급해줍니다. 현재 일어나고 있는 상황이나 앞으로 일어날 상황에 대한 언급으로 마무리함으로써 뒤따라 나오는 질문의 답변도 미리 준비할 수 있습니다.

Example ❶  MP3 03-33

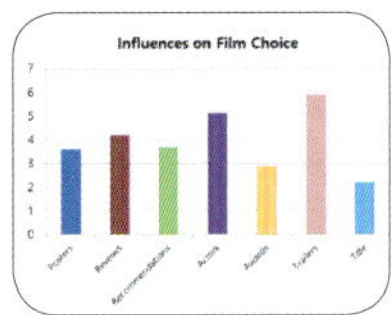

I guess based on this chart that trailers are the biggest influence on film choices of all the options available. The title seems to be the smallest influence.

제 생각에 이 자료에 근거하면 예고편이 모든 선택 가능한 사항 중 영화선택에 가장 큰 영향을 미칩니다. 제목은 가장 작게 영향을 미치는 것으로 보입니다.

- based on ~에 근거하여
- influence on ~에 대한 영향
- option 선택
- available 이용 가능한
- seem to be ~인 듯하다

Example ❷  MP3 03-34

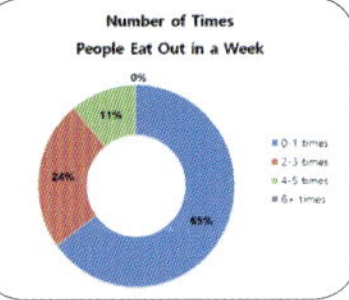

Looking at this chart, it seems that most people like to eat out 3 or fewer times a week, almost 90%.

이 차트를 보면, 거의 90% 정도의 대부분의 사람이 일주일에 3번, 혹은 더 적은 횟수로 외식을 합니다.

- it seems ~인 듯하다
- fewer times 더 적은 횟수

Example ❸  MP3 03-35

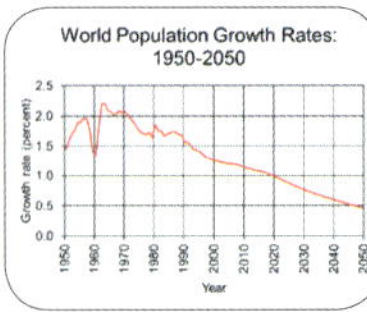

It seems that according to this chart, by 2050, the growth rate will have decreased to only 0.5 total. It looks like it will continue to decrease even after that.

이 차트에 의하면 2050년까지 성장률은 총 0.5%로 감소될 것 같습니다. 그 후에도 계속 감소될 것으로 보입니다.

- according to ~에 의하면
- continue 계속되다
- even after that 그 후에도

그래프 묘사 표현 정리

필수 단어

· the highest/biggest/largest 가장 높은/큰   · the lowest/smallest 가장 낮은/작은

· the most/least 가장 많은/적은   · horizontal axis/row 수평축 /가로줄

· vertical axis/column 수직축 /세로줄

필수 표현

❶ 최고치이다.

· The highest bar is for~   ·   has the largest (number of)~

· It hits a peak at~   · It hits the high point at~

❷ 최저치이다.

· The lowest bar is for~   · It hits the bottom at~

· It hits the low point at~

❸ 두 번째 최고치/최저치이다

· The second highest/largest/lowest/smallest bar is~

·   has the second highest/largest/lowest/smallest (number of)~

❹ 나머지는 ～ 이다

· The rest are~

❺ 몇 배의 차이이다.

· A is as big as B. A는 B만큼 크다.   · A is twice as big as B. A는 B의 2배이다.

· A is 3 times as big as B. A는 B의 3배이다.   · A is bigger than B. A가 B보다 크다

· The bar for A is twice as big/small as B.
A는 B보다 2배 더 크다/작다.

· The bar for A is three times as bigger/smaller than the bar for B.
A는 B보다 3배 더 크다/작다.

· The (amount/number/percentage/size) of A   is 3 times larger than the
(amount/number/percentage/size) of B.
A의 (양/수/퍼센티지/사이즈)가 B보다 3배 더 크다.

Pie graph

필수 단어

· chart 도표   · portion 부분   · highlight 강조하다, 표시하다

· percentage 백분율, 퍼센트   · represent 보여주다

필수 표현

· The graph highlights the most/highest/biggest~ 그래프는 가장 ~ 것을 표시하였다

· The chart shows (title) 이 도표는 ~를 보여준다

· Each portion represents ＿＿＿＿. 각각의 부분은 ＿＿＿를 나타냅니다.

· ＿＿＿ represents the (largest/smallest) portion. ＿＿은 가장 큰/작은 부분을 나타냅니다.

분수 표현

Percentage (%)	Fraction (분수)
80%	four-fifths
75%	three-quarters
70%	seven out of ten
65%	two-thirds
60%	three-fifths
55%	more than half
50%	half
45%	more than two fifths
40%	two-fifths
35%	more than a third
30%	less than a third
25%	a quarter
20%	a fifth
15%	less than a fifth
10%	one in ten
5%	one in twenty

그 외 표현

Percentage (%)	Fraction (분수)
80%	just over three quarters
75%	approximately three quarters
70%	just under a half
65%	nearly a half
60%	almost a third

Line graph

필수 단어

· 증가하다
increases/rises up/goes up to/grows/jumps up/shoot up

· 감소하다
decreases/reduces/drops/falls/gets worse/descends

· 빠르게
rapidly/suddenly/sharply/dramatically

필수 표현

· It increases rapidly. 빠르게 증가하다.

· It decreases dramatically. 빠르게 감소하다.

· The first/next/last 3 months 첫/다음/마지막 3개월

· The first/second/third/last quarter 1/2/3/4분기

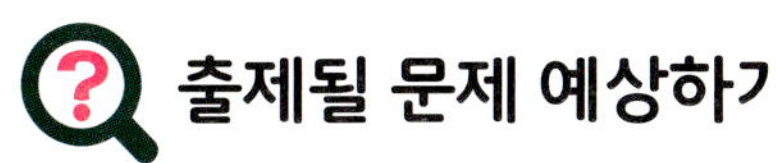

출제될 문제 예상하기

앞에서 학습한 공략 단계에 따라 출제 가능한 문제를 살펴보고 답변 연습을 해보세요.

Question ❶

MP3 03-36

Please describe this graph. 이 그래프를 묘사하세요.

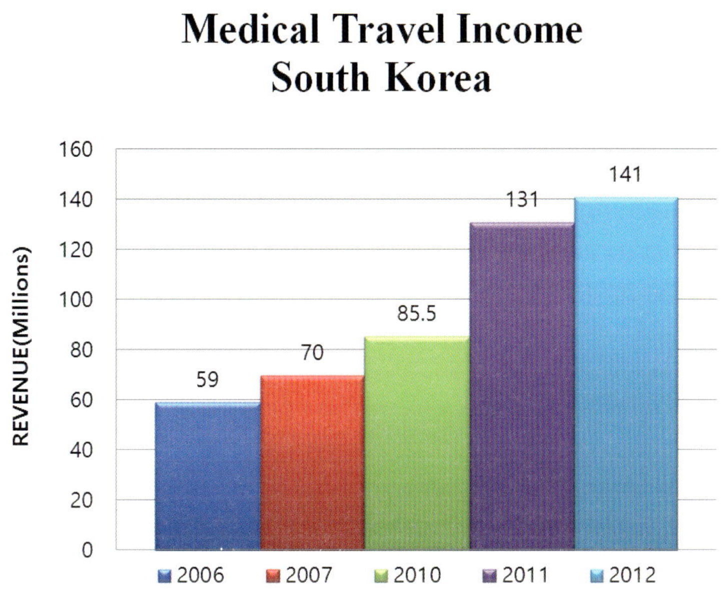

나만의 답변 만들기

공략 STEP ❶

Looking at this chart, we can tell the medical travel income in South Korea from 2006 to 2012.

이 차트를 보면, 2006년부터 2012년까지 한국의 의료관광수입을 말할 수 있습니다.

공략 STEP ❷

The largest column is in 2012, with 141 million. The smallest column is in 2006, with 59 million. 2011 is a little more than twice as big as 2006, with 131 million. 2010 is a lot smaller than 2011. 2007 is almost exactly twice as small as 2012.

최고치는 2012년에 1억 4,100만입니다. 최저치는 2006년의 5,900만 입니다. 2011년에는 2006년의 두 배보다 조금 더 많은 1억 3,100만 입니다. 2010에는 2011년 보다 많이 작습니다. 2007년에는 거의 정확히 2012년의 두 배 정도 작습니다.

공략 STEP ❸

According to this chart, there was a big jump in revenue from 2010 to 2011. The total revenue more than doubled between 2006 and 2012. It looks like it will continue to increase in the future.

이 차트에 의하면, 2010년부터 2011년까지의 수익이 급등했습니다. 총 수익은 2006년과 2012년 사이에 두 배 이상입니다. 장차 앞으로도 이것은 증가될 것으로 보입니다.

어휘

- medical travel income 의료관광수입
- according to ~에 따르면
- revenue 수익
- in the future 장차, 미래에
- million 100만
- big jump 급등
- double 두 배로 되다

Please describe this graph. 이 그래프를 묘사하세요.

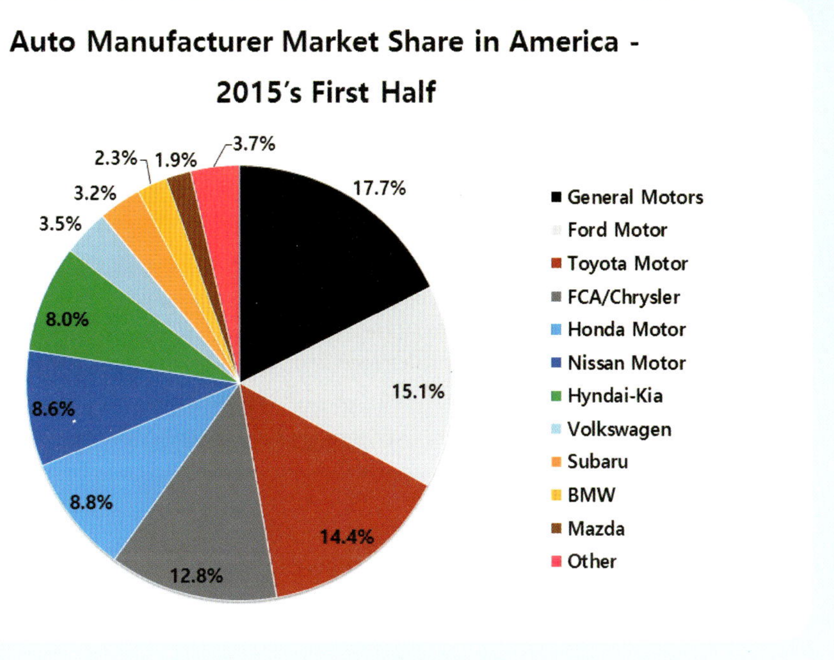

나만의 답변 만들기

공략 STEP ❶

This is a pie chart about the auto manufacturer market share in America in 2015's first half.

이것은 2015년 상반기 미국의 자동차 생산업체 시장점유율에 대한 원그래프입니다.

공략 STEP ❷

Each portion of the pie represents one auto manufacturer's market share. The biggest portion belongs to General Motors with 17.7 percent, or almost a fifth of the market. Ford and Toyota are close to the lead with 15.1 and 14.4 percent.

각각의 부분은 하나의 자동차 제조사 시장점유율을 나타냅니다. 가장 큰 부분은 17.7%로 시장의 거의 5분의 1을 차지한 제너럴 모토입니다. 포드와 토요타는 15.5%와 14.1%로 선두에 가깝습니다.

공략 STEP ❸

According to this information, the top three companies control nearly half the market share. The remaining nine companies control the other half. I guess Americans prefer American or Japanese cars.

이 자료에 의하면, 가장 높은 점유율을 차지한 3대 회사가 거의 반에 가까운 시장 점유율을 지배합니다. 남은 아홉 개의 회사들은 나머지 반을 지배합니다. 제 생각에 미국인들은 미국 자동차와 일본 자동차를 선호하는 것 같습니다.

어휘

- auto manufacturer 자동차 생산업체
- first half 상반기
- represent 나타내다
- close to the lead 선두에 가깝다
- the other half 나머지 반
- market share 시장점유율
- portion 부분
- belong to ~에 속하다
- remaining 남은

Please describe this graph. 이 그래프를 묘사하세요.

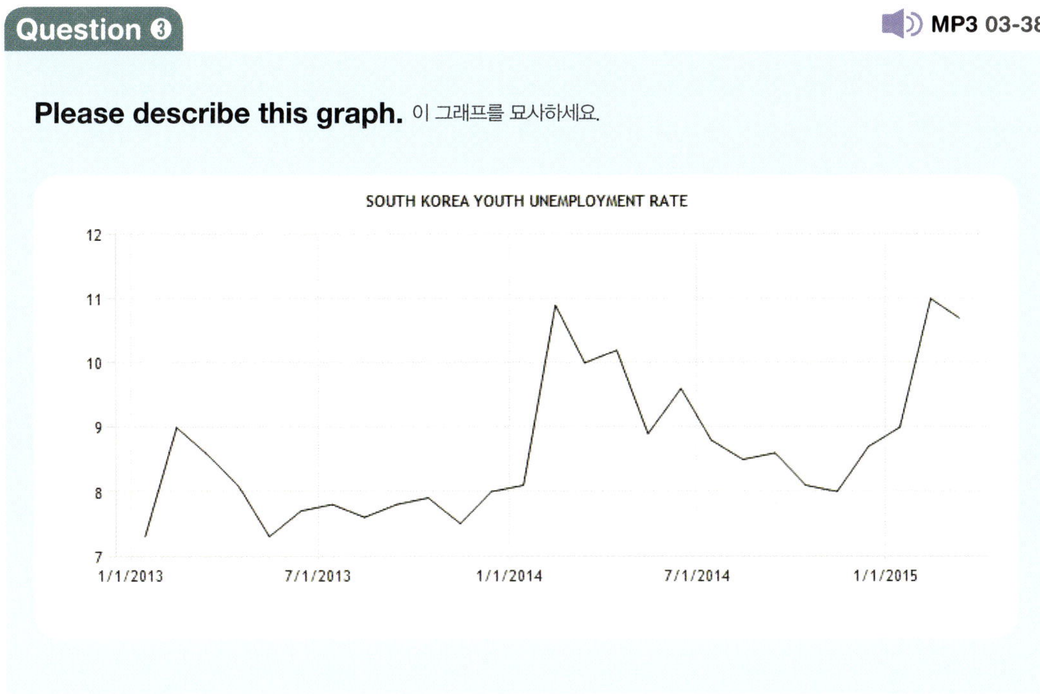

나만의 답변 만들기

모범답변

In this graph, we can see the South Korea youth unemployment rate from January 2013 to January 2015.

이 그래프에서는 2013년부터 2015년까지의 한국의 청년실업률을 볼 수 있습니다.

The unemployment rate has increased from about 7 percent in January 2013 to about 11 percent just after January 2015. From just after January 2014 to just before January 2015, there is a 3 point drop in the unemployment rate. This is the biggest drop on the chart.

실업률은 2013년 1월 7%에서 2015년 1월 이후 약 11%까지 증가했습니다. 2014년 1월 이후부터 2015년 1월 전까지 실업률은 3포인트 떨어졌습니다. 이것은 이 그래프에서 가장 큰 하락입니다.

Overall, the chart seems to show that the unemployment rate has gone up and down since 2013. However, over the entire chart, the total unemployment rate has generally gone up.

대체로, 이 차트는 2013년 이후부터 청년실업률이 오르락 내리락 하는 것을 보여줍니다. 반면, 전체적인 차트에서 총 실업률은 전반적으로 증가하였습니다.

- youth unemployment rate 청년실업률
- drop 떨어지다, 감소, 하락
- go up 올라가다
- since ~한 이후로
- increase 증가하다
- overall 대체로, 전반적으로
- go down 내려가다

Please describe this graph. 이 그래프를 묘사하세요.

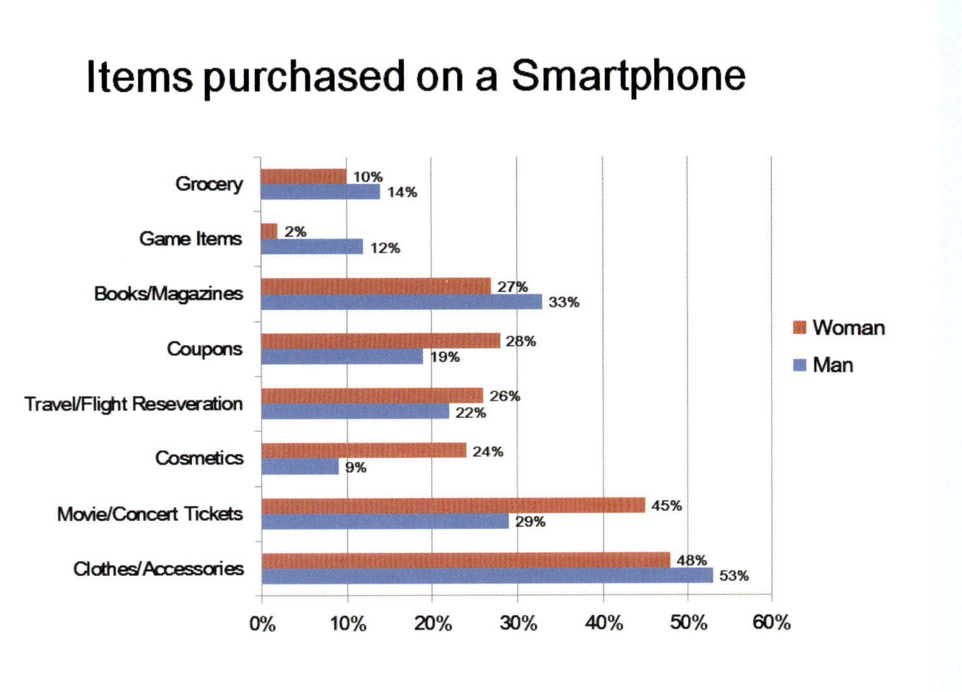

나만의 답변 만들기

공략 STEP ❶

This bar graph tells us about items purchased on a smart phone.

이 막대 그래프는 스마트폰으로 구입한 품목들에 대해 말해줍니다.

공략 STEP ❷

The chart compares the items men and women purchase. The items with the highest percentage of purchases for men and women are clothes and accessories, with 48 percent for women and 53 percent for men. The least purchased item for women were game items, with only 2 percent, and for men it is cosmetics, with only 9 percent.

차트는 여자와 남자의 품목들을 비교합니다. 남녀의 가장 높은 부분을 차지한 품목은 옷과 액세서리로 여자는 48% 남자는 53%입니다. 가장 낮은 품목은 여자는 게임으로 2%, 남자는 화장품으로 9%입니다.

공략 STEP ❸

Generally the chart shows us that men and women purchase almost the same percentage of items in every category. The only exceptions are game items, cosmetics, and movie or concert tickets. The numbers in those categories are very different.

전체적으로 이 차트는 남자와 여자는 거의 비슷한 비중으로 품목들을 구입한다는 것을 보여줍니다. 예외로는 게임과 화장품, 그리고 영화와 콘서트 티켓으로 그 숫자가 매우 다릅니다.

어휘

- on a smart phone 스마트폰으로
- clothes 옷, 의복
- least 가장 작은
- exception 예외
- compare 비교하다
- accessory 액세서리, 장신구
- generally 일반적으로, 전체적으로

여러 그래프 묘사

 ## 출제 경향 파악하기

여러 사진을 비교하는 문제유형과 마찬가지로 다른 PART에서 난이도 있는 답변을 한 경우 출제되는 문제입니다. 두 개의 그래프는 스타일이 다른 그래프가 출제될 수 있으며, 서로 관계가 있는 경우가 많으므로 단순한 묘사 후에 반드시 그 관계성에 대해 언급할 필요가 있습니다. 사진 비교 문제처럼 이후 따라 나오는 질문에서 그래프에서 다루는 주제에 대한 의견이나 예상 가능한 결과, 추이에 대해서도 물을 가능성이 높으므로 관련 답안을 작성하는 연습을 잊지 말아야 합니다.

 ## 기출문제 살펴보기

Describe two graphs. 두 그래프를 설명하세요.

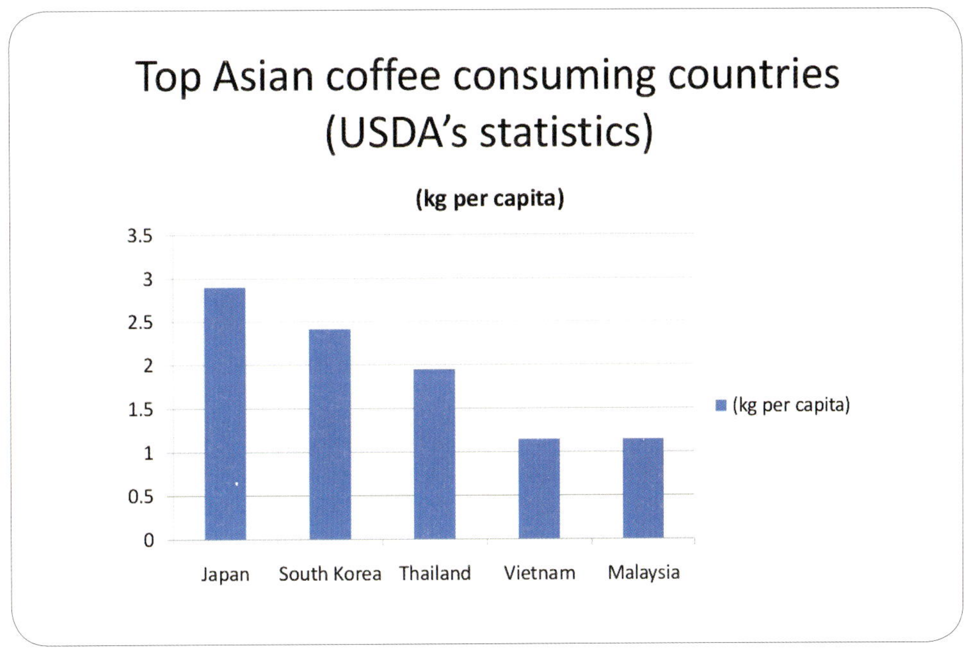

▲ Gragh ❶

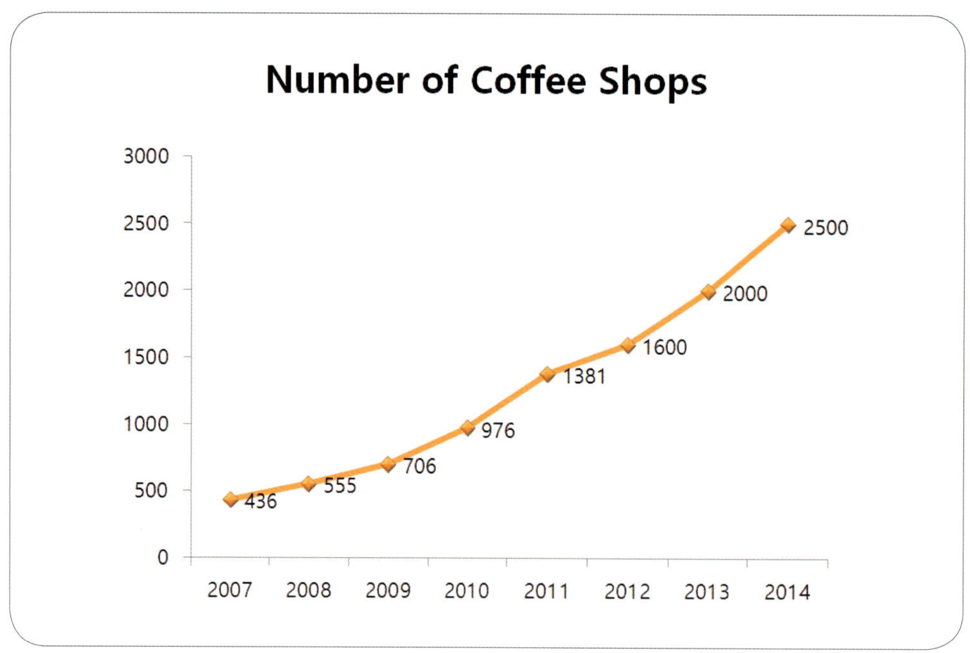

▲ Gragh ❷

면접관의 마음 훔치기

 공통주제를 찾아라.

두 개의 그래프는 다른 데이터를 나타내고 있지만 공통의 주제를 가지고 있습니다. 그 주제를 통해 두 그래프가 어떻게 서로 연관되는지 설명할 수 있으므로, 공통의 주제를 도입문장으로 먼저 언급해줍니다.

Example　　　　　　　　　　　　　　　　　　　　🔊 MP3 03-40

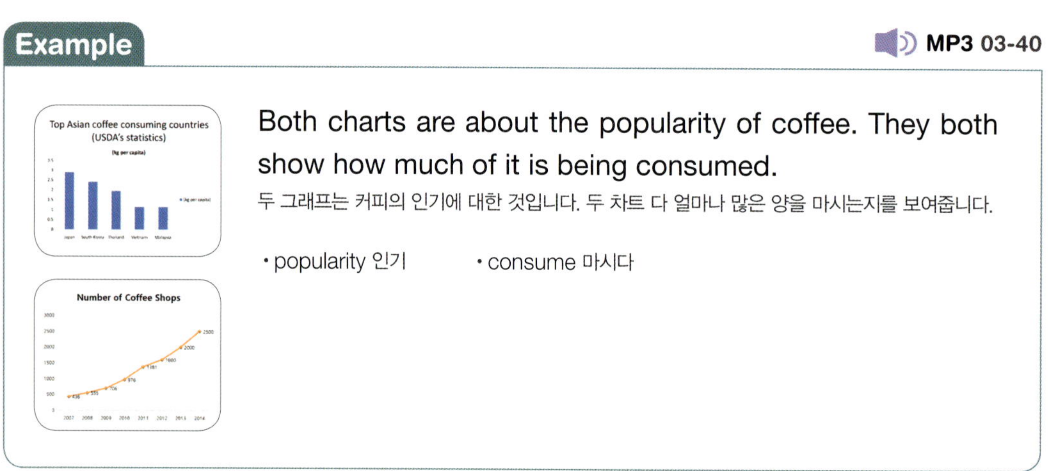

Both charts are about the popularity of coffee. They both show how much of it is being consumed.

두 그래프는 커피의 인기에 대한 것입니다. 두 차트 다 얼마나 많은 양을 마시는지를 보여줍니다.

· popularity 인기　　　　· consume 마시다

UNIT 04 에서 살펴본 대로 막대 · 원 · 선 그래프의 목적에 맞게 각 그래프를 묘사합니다. 두 그래프를 동시에 묘사해야 하므로 눈에 도드라지는 사항들을 중심으로 묘사합니다.

Example

🔊 **MP3** 03-41

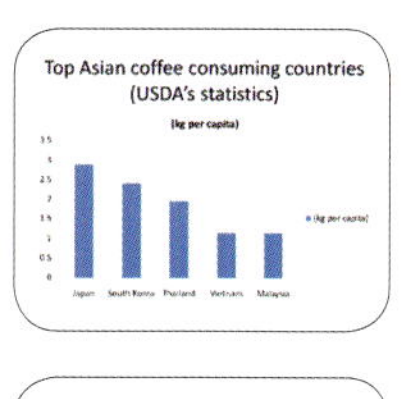

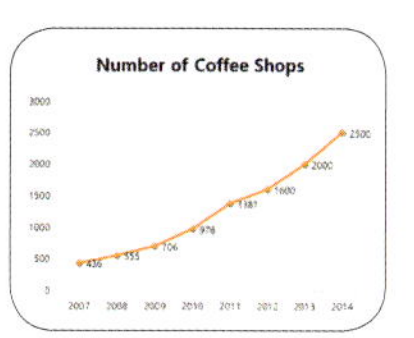

The first chart is a bar chart that shows the top Asian coffee consuming countries, according to the USDA. Japan and South Korea are by far the two biggest consumers, followed by Thailand, Vietnam, and Malaysia. The second chart is a line graph that shows the number of coffee shops by year since 2007. The line goes up steadily every year.

첫 번째는 막대 그래프로 미국 농무부에 따른 상위권 커피 소비 국가들을 보여줍니다. 일본과 한국은 단연코 가장 큰 소비국이고, 뒤이어 태국과 베트남, 그리고 말레이시아입니다. 두 번째 차트는 선 그래프로 2007년 이후의 연도별 커피숍의 수를 보여줍니다. 선은 매년 꾸준히 올라갑니다.

- consume 소비하다
- USDA (United States Department of Agriculture) 미국 농무부
- consumer 소비자
- by far 훨씬, 단연코, 월등하게
- followed by 뒤이어, 잇달아
- by year 연도별
- go up 올라가다
- steadily 꾸준히

어떠한 의미로든 출제된 두 개의 그래프는 서로 연관이 있습니다. 원인으로 만들어진 결과이든, 영향을 미치는 요소이든, 가설의 조건이 되든 다양한 의미로 연관이 있으므로 그러한 연관성을 언급하며 답안을 마무리합니다.

Example

🔊 **MP3** 03-42

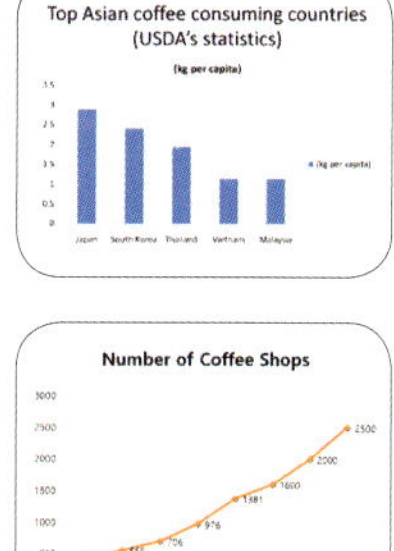

They could be related because the first chart shows a trend, and the second shows the results of that trend.
In the first chart, we see Asian countries drinking a lot of coffee, which would explain why the second chart shows that the number of coffee shops is six times higher in 2014 than in 2007. It looks like coffee is getting more popular.

두 차트는 연관이 있을 수 있습니다. 첫 번째 차트는 트렌드를 보여주고, 두 번째는 그 트렌드의 결과를 보여줍니다. 첫 번째 차트에서 아시아 국가에서 커피를 많이 마시는 것을 볼 수 있고, 두 번째 차트에서 2014년에 6배 높은 커피숍 수를 설명합니다. 커피의 인기가 높아지는 것으로 보입니다.

- could be related 연관(관련)이 있을 수 있다
- trend 동향, 추세
- result 결과
- explain 설명하다
- times ~배, 곱하기
- popular 인기 있는

출제될 문제 예상하기

앞에서 학습한 공략 단계에 따라 출제 가능한 문제를 살펴보고 답변 연습을 해보세요.

Question ❶　　　　　　　　　　　　　　　🔊 **MP3** 03-43

Describe two graphs.

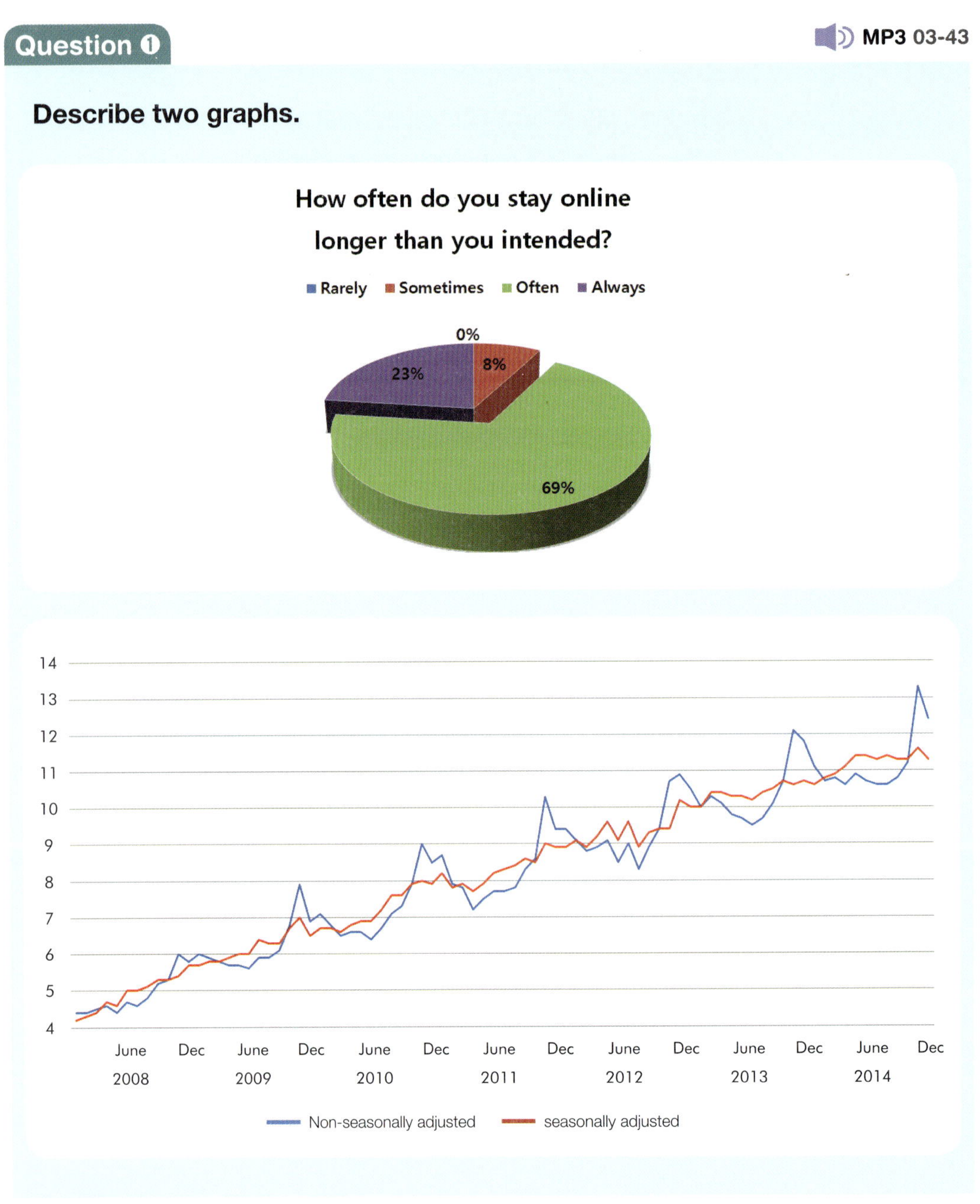

나만의 답변 만들기

모범답변

공통 주제

Both charts are about being online. They both show how much of something is done online.

두 그래프는 온라인에 대한 것입니다. 둘 다 얼마나 많은 무언가가 온라인에서 이루어지는가를 보여줍니다.

그래프 특징

The first chart is a pie chart that shows how often people stay online longer than they intended. It looks like 69% which is a little more than 2/3rds of people often stay longer than they intended. The second chart is a line graph that shows the total online spending done by year since 2008. The line goes up by about the same amount every year.

첫 번째는 원 그래프로 사람들이 온라인상에 얼마나 자주 의도한 것 보다 오래 있는지 보여줍니다. 3분의 2보다 약간 많은 69%의 사람들은 의도한 것 보다 더 오래 머무는 것으로 보입니다. 두 번째는 선 그래프로 2008년 이후 연도별 총 온라인 지출액을 보여줍니다. 선은 매년 같은 양 정로도 올라갑니다.

연관성

They might be related because the first chart shows that people are spending more time online than they planned. If people are online more, then they could be spending more money online, which would explain the second chart. No matter what, it seems people like doing a lot of stuff online.

두 차트는 연관되어 있을지도 모릅니다. 왜냐하면 첫 번째 차트는 사람들이 계획했던 것 보다 많은 시간을 온라인상에서 보내고 있는 것을 보여줍니다. 만약 사람들이 온라인상에 더 오래 있다면, 더 많은 돈을 쓰게 될 것이고, 이는 두 번째 차트를 설명합니다. 어쨌든 사람들은 온라인상에서 여러 가지 하는 것을 좋아하는 것으로 보입니다.

어휘

- intend 의도하다
- total online spending 총 온라인 지출액
- no matter what 어쨌든, 비록 ~한다 하더라도
- stay online 온라인상에 머물다
- by year 연도별
- stuff 일, 물건

Describe two graphs.

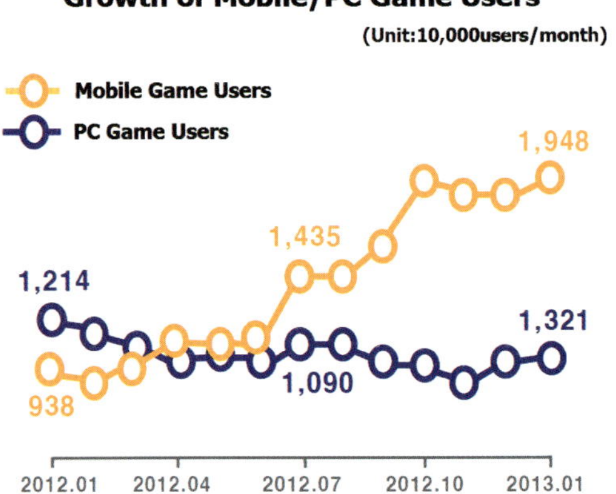

나만의 답변 만들기

공통 주제

Both charts are about the video game industry. They both show how many people are using or buying video games.

두 차트는 비디오 게임산업에 대한 것입니다. 둘 다 얼마나 많은 사람이 비디오 게임을 사거나 사용하는지를 보여줍니다.

그래프 특징

The first chart is a line chart that compares the growth of mobile and PC game users. The information shows that mobile users have increased dramatically since 2012, while the number of PC game users has stay about the same. The second chart is a bar chart that shows the expectation of the domestic game market since 2011. The numbers rise quickly, but then increase less quickly after 2013.

첫 번째 차트는 선 그래프로 PC게임과 모바일 게임 사용자들의 성장을 비교하였습니다. 자료는 PC게임 사용자들이 거의 동일하게 유지되는 동안, 모바일 게임 사용자는 2012년 이후부터 급격히 증가하는 것을 보여줍니다. 두 번째 차트는 바 그래프로 2011년 이후의 국내 게임시장의 매출 예상액을 보여줍니다. 수치는 빠르게 증가하지만 2013년 이후로는 덜 빠르게 증가합니다.

연관성

They are possibly related because the first chart shows that the number of mobile and PC game users both level out. Since the number of users stays the same every year after 2012, then that explains why sales expectations increase less quickly since 2013 in the second chart. If you have the same number of users, you are probably going to have about the same amount of sales.

두 개의 그래프는 아마 연관성이 있습니다. 왜냐하면 첫 번째는 모바일과 PC게임 사용자의 수가 같은 수준으로 유지되고 있습니다. 2012년 이후 매년 사용자가 같은 수준으로 머무르면서, 이것은 두 번째 차트에서 예상 매출액이 왜 2013년부터 유지되기 시작하는지를 설명합니다. 만약 사용자의 수가 같다면, 아마 대략 같은 양의 판매량이 나타날 것입니다.

어휘

- industry 산업
- compare 비교하다
- growth 성장
- user 사용자
- increase 증가하다
- dramatically 급격히
- about the same 거의 같은
- sales expectation 예상 매출액
- domestic 국내의
- rise 오르다
- quickly 빠르게
- level out 같은 수준으로 (유지)하다
- the number of 개수
- stay 머무르다
- every year 매년, 해마다
- explain 설명하다
- probably 아마도

Describe two graphs.

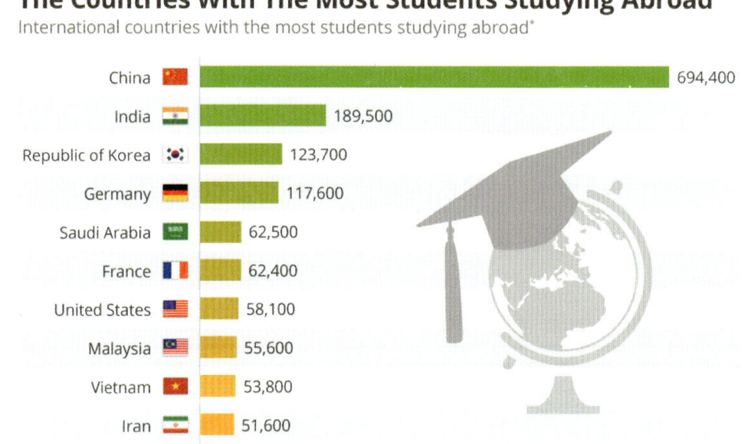

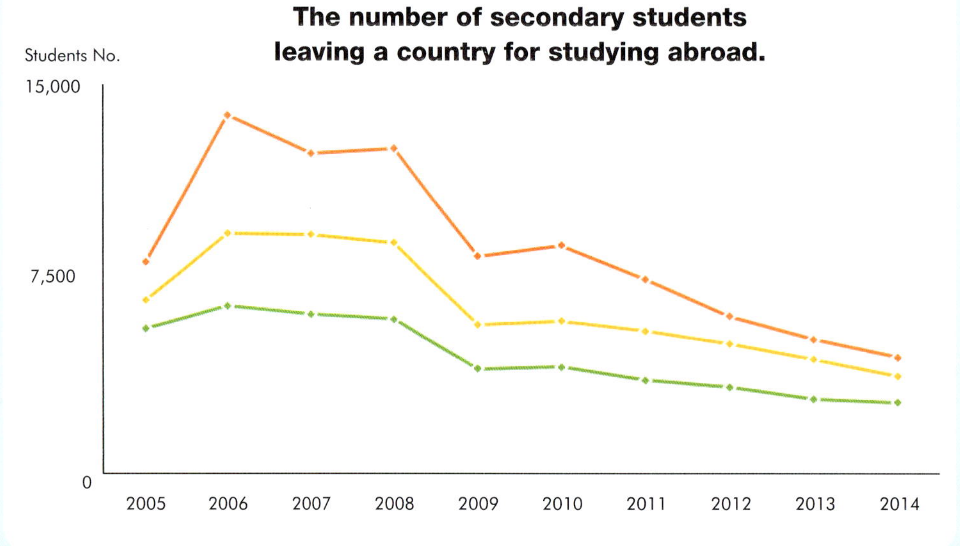

 Both charts are about international students. They both show how many students are studying abroad.

두 그래프는 유학생들에 대한 것입니다. 둘 다 외국에서 공부하는 학생의 수를 보여줍니다.

 The first chart is a bar chart that shows which countries send the most students to study abroad. It is clear that China sends the most students by far, with more than three times as many students as India. The second chart is a line graph that shows the total number of Korean students in elementary, middle and high school studying abroad. The number in each category goes up slightly but then declines steadily by 2014.

첫 번째 그래프는 어느 나라가 가장 많은 유학생을 보내는지 보여줍니다. 중국이 가장 많은 학생들을 보낸 것이 명확하고, 무려 인도 학생의 3배가 넘습니다. 두 번째 선그래프는 한국의 초 · 중 · 고 유학생의 총 숫자를 보여줍니다. 각각의 선은 약간 올라가지만 2014년 이후로는 꾸준히 감소합니다.

 They may be related because even though the first chart shows that Korea sends the third highest number of students to study abroad, that number is decreasing steadily like the second chart shows.This might mean that Korea will send fewer students abroad than Germany in the future. Or, we might be able to assume that the number of Korean students is decreasing in general.

두 개의 그래프는 연관되어 있을 수도 있습니다. 왜냐하면 첫 번째 차트에서 한국이 세 번째로 많은 유학생을 해외로 보내지만, 두 번째 차트에서 그 수는 꾸준히 감소하고 있습니다. 이것은 한국이 앞으로 독일보다 더 적은 학생을 해외로 보낼 것이라는 뜻일지도 모릅니다. 혹은, 우리는 전반적으로 한국유학생 숫자가 줄어들고 있다고 가정할 수 있을지도 모릅니다.

• abroad 해외에서	• clear 분명한	• by far 훨씬, 단연코
• as many as 무려 ~나 되는	• India 인도	• slightly 약간
• decline 감소하다	• steadily 꾸준히	• decreasing 감소하는
• mean 의미하다, ~을 뜻하다	• in the future 미래에	• assume 가정하다, 추정하다
• in general 전반적으로		

Describe two graphs.

16-19 y.o.s with Driver License

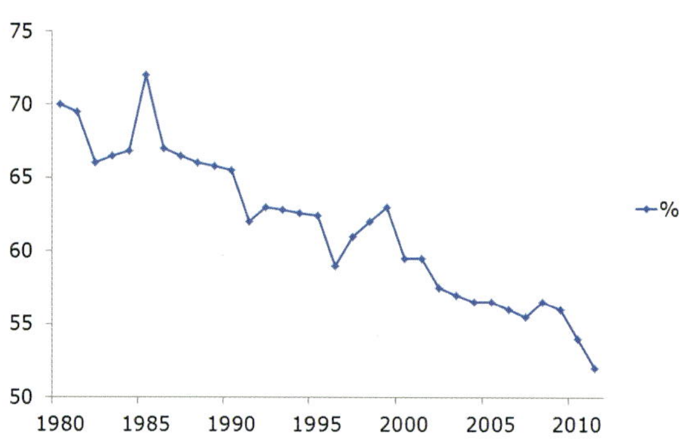

Number of Incidents by Age of Driver

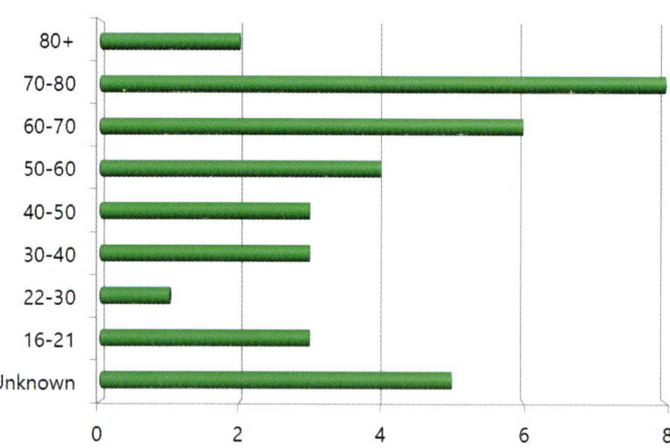

나만의 답변 만들기

모범답변

 **공통 주제**

Both charts are about driving. They both show information related to how old drivers are.

두 그래프는 운전에 관한 것입니다. 둘 다 운전자의 나이에 관련된 자료입니다.

그래프 특징

The first chart is a line graph that shows what percentage of 16-19 year-olds have a driver's license every year since 1980. The percentage of students with licenses has dropped from 70% in 1980 to just over 50% in 2011. The second chart is a bar chart that shows the number of incidents by the age of the driver. The numbers show that, for the most part, people have more incidents as they get older.

첫 번째 차트는 선 그래프로 1980년 이후 해마다 몇 퍼센트의 16~19세가 운전면허증을 가지고 있는지 보여줍니다. 면허증을 가진 학생의 퍼센트는 1980년에 70%에서 2011년에는 50% 약간 넘게까지 떨어집니다. 두 번째는 막대 그래프로 운전자의 나이에 따른 사고 수를 보여줍니다. 그 수는 사람들은 나이가 들수록 대개 더 많은 사고를 낸다고 보여줍니다.

연관성

They are related because we might guess that fewer and fewer 16 to 19 year-olds have licenses because they know that people their age are more likely to get into accidents than 22 to 30 year-olds.

두 개는 연관되어 있습니다. 왜냐하면 16~19세 운전자는 22~30세 운전자보다 더 많은 사고를 당하므로 점점 더 적은 수의 16~19세 사람들이 면허증을 딴다는 추측을 할 수 있습니다.

 **어휘**

- driving 운전
- driver's license 운전면허증
- incident 사건
- accident 사고
- driver 운전자
- drop 떨어지다
- for the most part 대개, 보통
- more likely to 좀 더 ~할 것 같은

Summarize

문단 요약

[출제 경향]

면접관이 읽어주는 글을 듣고, 들은 내용을 요약하는 유형입니다. 글은 30∼40초 분량의 길이이며 두 번 들려줍니다. 글의 길이가 짧지 않으므로 집중하지 않으면 요약하는데 정보를 빠트리기 쉽습니다. 하지만, 대부분의 글이 기-승-전-결의 스토리가 있으므로, 사건의 흐름 중심으로 기억하면 요약하기 조금 더 쉬워집니다. 요약을 하는 문제 후에 반드시 뒤따라 오는 follow-up question이 나옵니다. 해당 주제에 대한 의견을 물을 수도 있지만, 글에서 언급된 구체적인 정보에 대해서도 언급하므로 육하원칙에 해당하는 정보는 기억해 두었다가 답할 수 있어야 합니다.

[공략법]

❶ 스토리를 기억하라.

PART 4에서 출제되는 대부분의 문제는 주제와 분야를 막론하고, 기-승-전-결의 구도를 가지고 있습니다. 주제가 언급되면서 문제가 시작되고, 문제에 대한 자세한 묘사가 중반부에 이루어지며, 결말에서는 문제가 해결되거나 생각할 여지를 주며 마무리하는 형식입니다. 이 구도에 따라 글을 듣는 연습을 합니다.

❷ 육하원칙에 해당하는 정보를 찾아라. 그리고 그것을 문장으로 만들어라.

누가(Who), 언제(When), 어디서(Where), 무엇을(What), 왜(Why), 어떻게(How) 하였는지에 대한 정보를 찾아내도록 노력하며, 이 정보들을 되도록이면 한 문장에 담는 연습을 하여 정보를 빠트리지 않고 요약할 수 있어야 합니다. 단, 한 문장에 모든 정보를 담을 때 영어의 어순에 주의해야 합니다. 이는 곧바로 영어문장 구성력과 직접적인 연관이 있으므로 문법적으로 올바른 어순을 사용하는 연습을 충분히 해야 합니다.

❸ 연결어를 잘 활용하자.

글이 기-승-전-결의 흐름을 갖추었다면 요약한 답안 역시 흐름을 나타내 주어야 합니다. 찾은 정보를 단순히 나열하기 보다는 기-승-전-결의 흐름을 나타내는 다양한 연결어를 활용하여 요약한 답안에서도 충분한 이야기의 흐름을 나타내면 고득점을 노릴 수 있습니다.

세부 정보 수집

 ## 요약 연습 〈1탄〉

요약하는 첫 번째 연습단계로 주어진 글에서 육하원칙에 해당되는 세부 정보를 수집하는 전략을 학습합니다. 주어진 글을 여러 번 들으면서, 필요한 정보가 들렸을 때 받아 적는 연습을 합니다. 이때, 들은 단어를 그대로 반복하는 것도 좋지만, 다른 어휘나 표현으로 paraphrasing하면 고득점을 받을 수 있습니다.

 ## 기출문제 살펴보기

 **MP3** 04-01

❶ **Please summarize this passage. You can listen to this twice.**

다음 글을 요약하세요. 글은 두 번 들을 수 있습니다.

[스크립트] Even the most popular brands in the world need to adapt their products to do well in local markets. For example, Domino's Pizza offered pickled ginger pizza in India and potato pizza in Japan. That's because they wanted to develop flavors that would sell in those countries. Haagen-Dazs once introduced one of its most famous American flavors to Britain, but it failed to sell. After holding a contest to propose a flavor the British would love they created Cool Britannia, a vanilla ice cream with chocolate-covered cookies.

심지어 세계에서 가장 유명한 브랜드도 현지 시장에서 성공하려면 상품을 현지에 맞도록 조정할 필요가 있습니다. 예를 들어, 도미노 피자는 인도에 절인 생강 피자와 일본에 감자 피자를 내놓았습니다. 이는 인도와 일본에 팔리게 할 새로운 맛을 개발해야 했기 때문입니다. 이와 같이, 하겐다즈도 한 번은 미국에서 가장 유명한 맛 중 하나를 영국에 선보였지만, 완전히 실패한 적이 있었습니다. 그래서 영국인이 좋아할 만한 맛을 제시하기 위한 대회를 연 후, 초콜릿으로 덮인 쿠키가 들어있는 바닐라 아이스크림으로 맛을 바꿔 Cool Britannia(멋진 영국)로 내놓았습니다.

❷ **Please summarize this passage. You can listen to this twice.**
다음 글을 요약하세요. 글은 두 번 들을 수 있습니다.

[스크립트] A potential Internet tax in Hungary on Internet traffic has been shelved. The public and businesses were against it, leading to protest in the capital. The Hungarian government also took heed of warnings from the European Union stating that the tax would be a bad decision. Hungary's leader said, "If the people not only hate something, but also think it doesn't make sense, then it should not be done." This reversal is not yet a victory for the public. The government will convene again next year to brainstorm ideas on how to tax the Internet. The public is worried this world reduces freedom of expression and hurt online companies.

헝가리의 잠정적 인터넷세가 보류되었습니다. 2015년 1월부터 인터넷 트래픽에 세금이 부과될 예정이었습니다. 대중들과 기업들은 반대하고 나섰습니다. 정부는 수도에서의 시위 때문에 이 계획을 보류했습니다. 이 세금을 부과하는 것이 나쁜 결정일 것이라는 유럽 연합의 경고 또한 중시했습니다. 헝가리 지도자는 "사람들이 뭔가를 싫어하는 것뿐만 아니라, 이해되지 않는 일이라고 생각한다면, 해서는 안 될 일이다."라고 말했습니다. 이 반전은 아직 대중들의 승리는 아닙니다. 정부는 내년에 어떻게 인터넷에 세금을 부과할지 다시 아이디어를 모을 것입니다. 대중은 표현의 자유가 줄어드는 것과 인터넷 기업이 입을 타격에 대해 걱정합니다.

면접관의 마음 훔치기

> **공략 Step 1**   육하원칙 정보를 기억하라.

글의 길이와 상관없이 육하원칙의 정보는 글의 큰 줄거리를 잡는데 중요한 역할을 하므로, 다음에 해당하는 정보를 찾아 봅니다.

- **Who**   글에서 중점적으로 다루고 있는 주제, 또는 이야기의 주인공
- **When**   사건이 일어난 시기. 과거의 사건묘사인지, 현재 진행되고 있는지, 미래 예측인지 확인
- **Where**   사건이 일어나는 장소
- **What**   글의 결론과 밀접하게 연관되어 있는 사건의 주 내용
- **Why**   사건이 일어나게 된 배경이나 이유
- **How**   그 사건이 가져온 결과, 또는 앞으로 가져올 것이라 보여지는 결말

[스크립트] Even the most popular brands in the world need to adapt their products to do well in local markets. For example, Domino's Pizza offered pickled ginger pizza in India and potato pizza in Japan. That's because they wanted to develop flavors that would sell in those countries. Haagen-Dazs once introduced one of its most famous American flavors to Britain, but it failed to sell. After holding a contest to propose a flavor the British would love they created Cool Britannia, a vanilla ice cream with chocolate-covered cookies.

▶ 육하원칙에 따라 내용을 요약해보세요.

Who

When

Where

What

Why

How

▶ 모범답안

Who
the companies who want to sell their products in the world
세계에 상품을 팔려는 기업들

When
N/A 명시되어 있지 않음

Where
in England 영국에서의 사례

What
failure of marketing 마케팅의 실패

Why
They didn't do enough research and investigate how they would sell a product.
그들이 상품을 어떻게 팔 것인지에 대한 충분한 조사와 연구를 하지 않았다.

How
To make a global business successful, it is very important to explorer and prepare the local marketing.
글로벌 사업에 성공하기 위해서는, 현지 마케팅에 대해 미리 조사하고 준비하는 것이 매우 중요하다.

[스크립트] A potential Internet tax in Hungary on Internet traffic has been shelved. The public and businesses were against it, leading to protest in the capital. The Hungarian government also took heed of warnings from the European Union stating that the tax would be ad bad decision. Hungary's leader said, "If the people not only hate something, but also think it doesn't make sense, then it should not be done." This reversal is not yet a victory for the public. The government will convene again next year to brainstorm ideas on how to tax the Internet. The public is worried this world reduces freedom of expression and hurt online companies.

▸ 육하원칙에 따라 내용을 요약해보세요.

Who

When

Where

What

Why

How

▸ 모범답안

Who taxation on the Internet 인터넷 세금 부과

When 2014 2014년

Where in Hungary 헝가리

What suspension 보류됨

Why Many people and companies were against the internet tax and protested in the capital because they believed it would never be a right decision to themselves and online companies.
많은 사람과 기업이 인터넷 세금에 반대하고, 수도에서 시위를 했다. 왜냐하면 사람들은 이것이 스스로와 온라인 회사들에게 결코 좋은 결정이 아니라고 믿었기 때문이다.

How The government will have to come up with a better idea on Internet tax to solve this.
정부는 이 문제를 해결하기 위해 인터넷 세금에 대한 더 좋은 아이디어를 내놓아야 할 것이다.

영어문장에서는 다양한 정보를 담을 때 순서가 존재합니다. 가령 장소, 시간, 이유나 방법 등이 한꺼번에 나올 때는 장소가 먼저, 시간이 맨 마지막에 위치합니다. 중요한 주제(Who)를 주어로 삼고, 주 내용(What)을 동사나 목적어로 삼으면서 문장의 기본 틀을 잡아갑니다. 이유(Why), 결과나 결말(How)은 추가적으로 뒤에 배치하며, 문장을 확장시켜 나가도록 합니다. 문장을 매끄럽게 만드는 다양한 접속사를 활용하는 것도 좋은 방법입니다.

Example ❶

Who	the companies who want to sell their products in the world
When	N/A
Where	in England
What	failure of marketing
Why	They didn't do enough research and investigate how they would sell a product.
How	To make a global business successful, it is very important to explorer and prepare the local marketing.

▶ **한 문장으로 만들기**

세부 정보를 연결하는 문장을 써보세요.

▶ **모범답안**   🔊 **MP3 04-03**

The companies who want to sell their products in the world → **Who** failed at local marketing → **What**, specifically in England because they didn't do enough research and investigate how they would sell a product → **Why**. This is about importance of exploring and preparing the local marketing to make a global business successful → **How**.

세계에 상품을 팔려는 기업들이 현지 마케팅, 특히 영국에서 실패하였다. 왜냐하면 상품을 어떻게 팔 것인지에 대한 충분한 조사와 연구를 하지 않았기 때문이다. 이 글은 글로벌 사업에 성공하기 위해서는 현지 마케팅에 대해 미리 조사하고 준비하는 것이 매우 중요하다는 것에 대한 내용이다.

Who	taxation on the Internet
When	2014
Where	in Hungary
What	suspension
Why	Many people and companies were against the internet tax and protested in the capital because they believed it would never be a right decision to themselves and online companies.
How	The government will have to come up with a better idea on Internet tax to solve this.

▶ 한 문장으로 만들기

세부 정보를 연결하는 문장을 써보세요.

____

____

____

____

____

▶ 모범답안　　　　　🔊 MP3 04-04

The taxation on the Internet → Who was suspended → What in Hungary in → Where 2014 → When as many people and companies were against the Internet tax and protested in the capital → Why. The reason is that people believed it would never be a right decision for themselves and online companies → Why. It seems that the government will have to come up with a better idea on Internet tax to solve this issue → How.

인터넷 세금 부과는 2014년 헝가리에서 보류되었다. 왜냐하면 많은 사람과 기업들이 인터넷 세금에 반대하고, 수도에서 시위를 했기 때문이다. 이유는 이것이 사람들과 온라인 회사들에게 결코 좋은 결정이 아니라고 믿었기 때문이다. 정부는 이 문제를 해결하기 위해 세금에 대한 더 좋은 아이디어를 내놓아야 할 것으로 보인다.

다양한 접속사

- · 그러나   but, however, yet, still
- · 반면에   while, whereas, in contrast, on the other hand, on the contrary
- · 왜냐하면   as, because, for, now that, since, that's why, due to
- · 예를 들면   for example, for instance, such as, to illustrate
- · 강조   - 특히 in especial, in particular, especially, particularly
  - 사실 in fact, indeed
  - 구체적으로 specifically, in detail

앞에서 학습한 공략 단계에 따라 출제 가능한 문제를 살펴보고 답변 연습을 해보세요.

Question ❶

 **MP3** 04-05

Please summarize this passage.

The number of campers has surged in Korea over the past five years. Campers have developed their own styles in accordance with their experience. Experienced campers prefer backpacking, avoiding overcrowded camping sites, instead finding a suitable site to spend the night. For backpacking, you have to rough it by carrying only basic and essential equipment. "Backpacking costs about half that of auto camping. Kids can gain a sense of independence and responsibility, as they have to carry their own equipment. They also learn how to value nature," said a veteran backpacker.

많은 캠핑족이 지난 5년간 크게 증가했다. 캠핑족은 각자의 여건에 맞춰 자신만의 스타일을 만들어왔다. 경험이 많은 캠핑족은 사람이 많은 캠핑지를 피해, 밤을 지새울 적당한 장소를 찾으면서 백패킹을 선호한다. 백패킹은 기본적이고 필수적인 장비를 가지고 다니며, 잠깐 불편한 생활을 해야 한다. "백패킹은 오토캠핑보다 비용이 절반밖에 들지 않습니다. 아이들도 직접 필요한 장비들을 날라야 하기 때문에 독립심과 책임감을 기를 수 있죠. 또한 자연이 얼마나 가치있는지를 배울 수 있습니다."라고 한 베테랑 캠핑족이 말했다.

 어휘

- in accordance with ~에 따라
- experienced 경험이 많은, 숙련된
- suitable 적당한, 알맞은
- essential 필수적인
- a sense of independence 독립심
- value 가치/소중하게 여기다
- circumstance 상황, 여건
- backpacking 배낭을 싸서 가는 캠핑
- rough it 불편한 생활을 하다
- equipment 장비
- a sense of responsibility 책임감
- backpacker 백패킹을 하는 사람

한 문장으로 요약해보기

- **Who**   Many camper 많은 캠핑족
- **When**   Over past five years 지난 5년 간
- **Where**   at an appropriate place for backpacking 백패킹을 위한 적당한 장소에서
- **What**   do camping 캠핑을 하다
- **Why**   To avoid the crowds 많은 사람을 피하기 위해
- **How**   while enjoying with kids 아이들과 즐기면서

한 문장으로 만들기   ◀» **MP3 04-06**

Over the past five years → **When**, there has been a sharp increase in the number of campers → **Who**. Especially, campers who do backpacking → **What** after they find an appropriate place for backpacking by → **Where** avoiding the crowds → **Why**.

지난 5년 간, 캠핑족의 수가 급격히 늘었습니다. 특히 백팩킹을 하는 캠핑족은 많은 사람을 피해, 적당한 장소를 찾아 캠핑을 하는 캠핑족이 늘었습니다.

Question ❷   ◀» **MP3 04-07**

Please summarize this passage.

Most of us secure our digital lives with passwords. We use different and complicated passwords for each service we use. But the weaknesses of passwords are becoming more apparent. For example, Evernote reset 50 million passwords after a breach in security. Meanwhile, biometric technologies allow access based on unique and immutable characteristics about us that can't be stolen or faked. Large companies and governments have already been using biometric authentication like fingerprints, voice or iris recognition, and even facial scans.

우리 대부분은 비밀번호로 디지털 생활을 보호하고 있다. 사용하고 있는 서비스를 위한 서로 다르고 복잡한 비밀번호를 설정해둔다. 하지만, 비밀번호의 약점이 점점 분명하게 드러나고 있다. 예를 들면, 에버노트는 개인 정보유출 후에 5천만 개의 비밀번호를 다시 설정했다. 한편, 생체인식 기술은 도난을 당하거나 조작할 수 없는, 우리에 대한 유일하고 변하지 않는 특징을 기반으로 접근을 허락한다. 대기업과 정부는 이미 사용자 인증을 위해 지문, 목소리나 홍채 인식, 얼굴 스캔과 같은 생체 인증방법을 수년째 사용하고 있다.

- secure 보호하다
- weakness 약점
- biometric 생체
- be stolen 도난 당하다
- iris recognition 홍채 인식

- set up 설정하다
- apparent 명백한, 분명한
- based on ~에 근거하여
- be faked 위조 당하다
- authenticate 인증하다

- complicated 복잡한
- breach 위반, 방어의 구멍
- immutable 불변의
- authentication 인증

모범답변

육하원칙으로 요약

Who   **Biometric technology** 생체인식 기술

When   **Recently** 최근에

Where   **at many organization** 많은 조직에서

What   **Adopted and used** 도입되어 사용되고 있다

Why   **It is the only way to allow safe access.**
안전하게 접근을 허락하는 유일한 방법이다.

How   **By biometric authentication such as fingerprints, voice/iris recognition, and facial scans**
지문, 목소리/홍채 인식, 얼굴 스캔과 같은 생체 인증방법을 통해

한 문장으로 만들기   🔊 **MP3** 04-08

Biometric technology → **Who** recently → **When** was adapted and used → **What** at many organizations in order to allow safe access → **Why**, using biometric authentication such as fingerprints, voice/iris recognition, and facial scans → **How**.

생체인식 기술은 최근 많은 기관들에 도입되어 사용되고 있다. 이는 지문, 목소리/홍채 인식, 얼굴 스캔과 같은 생체인증을 사용하여 안전하게 접근을 허락하기 위해서이다.

Please summarize this passage.

South Korea is a country which attracts many tourists from all over the world. South Korea tourism is responsible for bringing in a huge amount of revenue to the country. Tourists can experience the rich culture, beautiful tourist spots, and tasty local cuisine. Moreover, a large number of people also visit the country every year to take advantage of South Korea's medical tourism. The capital city of Seoul is the central point of all the activities in the field of healthcare in South Korea.

한국은 전 세계적으로 많은 관광객을 유치하는 나라이다. 한국의 관광산업은 국가에 아주 거대한 이익을 가져다 주고 있다. 여행객들은 다채로운 문화와 아름다운 관광지, 맛있는 지역 음식들을 경험할 수 있다. 더욱이, 많은 사람이 또한 의료 관광을 이용하고자 매년 한국을 방문하고 있다. 수도인 서울은 한국에서 의료 분야의 중심지가 되었다.

어휘
- attract 유인하다
- tourism 관광, 관광산업
- be responsible for ~에 책임이 있다
- revenue 이익
- rich 다채로운
- tourist spot 관광지
- cuisine 요리
- take advantage of ~을 이용하다
- medical tourism 의료 관광
- capital city 수도
- central point 중심지
- healthcare 의료

한 문장으로 요약해보기

모범답변

육하원칙으로 요약

Who	South Korea 한국
When	Nowadays 요즘
Where	Seoul, the capital city 수도인 서울
What	make Seoul the central point for the medical tourism 서울을 의료 관광의 중심점으로 삼다

Why To attract visitors all over the world
전 세계의 관광객들을 유치하기 위해

How By extending to not only culture, food, and sightseeing place but also healthcare activities.
한국 관광산업은 문화, 음식, 관광지뿐만 아니라 의료 활동까지 확장하면서

 **MP3 04-10**

Nowadays → **When**, South Korea → **Who** made Seoul the center for the medical tourism → **Where/What** in order to attract more visitors all over the world → **Why** by extending tourism to health care industry as well as culture, food, and sightseeing place → **How**.

요즘, 한국은 전 세계적으로 더 많은 사람을 유치하기 위해, 관광사업을 문화, 음식, 관광지뿐만 아니라, 의료산업으로 확장하면서 서울을 의료관광의 중심지로 만들고 있다.

Question ❹
 **MP3 04-11**

Please summarize this passage.

Two decades ago, it was very difficult to find and connect with people that you once knew from childhood or hometown, even with the power of the Internet. When you moved away, you lost touch permanently. Social network services, such as Facebook, Twitter and Instagram, are making it much easier for people to find one another and reconnect, even after decades of being apart. The services are a great way to see what is happening in the lives of friends and family, and to meet new people who have similar interests and thoughts to yours.

20년 전, 인터넷이 있었을지라도 어렸을 때나 고향에서 한 때 알던 사람들과 연락하기 매우 힘들었다. 멀리 이사를 가면, 대부분의 사람과 연락이 끊어졌다. 페이스북, 트위터, 인스타그램과 같은 SNS는 사람들이 수십 년 간 떨어져 있었어도, 서로를 찾고 다시 연락이 닿기 매우 쉽게 만들어준다. 이러한 서비스는 친구나 가족들이 어떻게 생활하는지 알 수 있고, 당신과 비슷한 취미나 생각을 가진 새로운 사람들을 만날 수 있게 하는 장이 된다.

어휘

- decade 10년
- move away 멀리 이사 가다
- permanently 영구적으로
- reconnect 다시 연락이 닿다
- what is happening 어떤 일이 일어나는지

- in childhood 어린 시절에
- lost touch 연락이 끊기다
- one another 서로서로
- be apart 떨어져 있다
- similar 비슷한

모범답변

육하원칙으로 요약

Who　Social Network Service (SNS)

When　These days 요즘

Where　Over the Internet 인터넷상에서

What　find people who you lost contact and reconnect
연락이 끊어졌던 사람을 찾아 다시 연락이 닿게 하다

Why　(구체적으로 언급되지 않음)

How　By sharing how friends and family are doing and even meeting new people who have common interests
친구나 가족들이 어떻게 지내는지를 공유하고, 심지어 공통의 관심사를 가진 새로운 사람들을 만남으로써

한 문장으로 만들기　🔊 **MP3 04-12**

These days → **When**, SNS → **Who** makes it possible to find people who you lost contact and reconnect → **What** by sharing how friends and family are doing and even meeting new people who have common interests → **How**.

요즈음, SNS는 연락이 끊어졌던 사람을 찾아 다시 연락이 닿게 만들어 준다. 이는 친구나 가족이 어떻게 지내는지 공유하고, 심지어 공통의 관심사를 가진 새로운 사람들을 만남으로써 가능해졌다.

문단 요약

요약 연습 〈2탄〉

요약문제에서 긴 글의 경우, 1분 30초~2분 길이의 문제가 출제되기도 합니다. 다행인 것은 SPA 시험에서 출제되는 문제의 글이 대부분 기-승-전-결의 스토리 라인을 가지고 있다는 것입니다. 큼직한 스토리 라인은 문단으로 나뉘어 질 수 있으므로, 각 문단마다 주요 내용을 중심으로 요약해 전체 요약으로 확장할 수 있도록 합니다.

기출문제 살펴보기

 **MP3 04-13**

Please summarize this passage. You can listen to this twice.

다음 글을 요약하세요. 글은 두 번 들을 수 있습니다.

[스크립트] Starting in 2015, smoking will no longer be allowed at restaurants, cafes or bars, regardless of their size, though it appears neither shop owners nor smokers are ready to accept the policy.

Smoking will be allowed only if those stores set up ventilated smoking booths that are completely separate from where food or drinks are served.

The majority of cafes, which are expected to be most affected by the policy, are not willing to build separate smoking booths. The owner of a coffee shop in central Seoul said, "I'm going to lose so many customers from 2015, but I can't afford to turn the existing smoking area into a completely sealed off booth. So I'm changing it into a meeting room and will ban smoking in the cafe."

The news hasn't been welcomed by smokers, either. One patron who was smoking in a café said, "I used to go to cafes where I could smoke with my co-workers during lunch time, but it seems we need to find other places to smoke, probably the rooftop of our office building because people give us uncomfortable looks when we smoke on the street."

Though the new policy is likely to have a huge impact on society, the government seems determined, maintaining that news of the ban has been out for a few years.

2015년부터, 규모에 상관없이 모든 음식점, 카페, 술집에서 흡연이 금지된다. 가게 주인이나 흡연자 모두 이 정책을 받아들일 준비가 되지 않았는데도 말이다.

흡연은 음식과 음료가 서비스되는 곳과 완전히 분리되어 있는, 환기가 되는 흡연부스가 설치되어 있는 곳에서만 가능해진다.

이 정책으로 가장 많은 영향을 받을 것으로 보이는 대부분의 카페는 분리된 흡연부스를 짓는 것에 대해 탐탁지 않아 한다. 서울 중심가에 있는 한 커피숍 주인은, "2015년부터 손님이 많이 없을 거예요. 지금 있는 흡연구역을 완전히 밀폐된 흡연부스로 바꿀 수 없습니다. 그래서 그냥 회의실로 바꾸고, 카페 전체를 흡연금지 시킬 거예요."

이러한 소식은 흡연자들에게도 환영 받지 못하고 있다. 카페에서 담배를 자주 피우는 한 고객은, "점심시간 동안 동료와 담배를 필수 있는 카페에 자주 가곤 했어요. 그런데 이제 다른 곳을 찾아봐야 할 것 같아요. 아마 회사 옥상에나 가야죠. 사람들이 저희가 길거리에서 담배를 피면 이상하게 보거든요."

새로운 정책이 사회에 적지 않은 영향을 가져올지라도, 정부는 이미 결심을 하고 새로운 금연정책을 몇 년 동안 그대로 유지할 것으로 보인다.

면접관의 마음 훔치기

앞에서 살펴보았던 세부 정보 수집 방법에 의해 각 문단의 세부 정보를 수집하는 연습을 해봅니다. 연습할 때는 문단 별로 끊어서 육하원칙의 정보를 받아 적는 연습을 하고, 전체적으로 다시 한번 들어봅니다. 단, 문단이 하나의 큰 글을 이루므로, 각각의 문단이 모든 육하원칙에 해당하는 상세정보를 가지고 있지 않을 수 있습니다. 따라서 그 문단에서 나타내고 있는 상세정보만 파악하도록 합니다.

Paragraph ❶

Starting in 2015, smoking will no longer be allowed at restaurants, cafes or bars, regardless of their size, though it appears neither shop owners nor smokers are ready to accept the policy.

▸ 육하원칙에 따라 내용을 요약해보세요.

Who
When
Where
What
Why
How

▸ 모범답안

Who　the shop owners 사업장 주인들

When　from 2015 2015년부터

Where　all restaurants, cafes, or bars 모든 음식점, 카페, 바

What　entering into force the new policy of ban on smoking in their shops
사업장에서의 금연 정책의 시행

Why　(특별하게 언급되지 않음)

How　The shop owners have to accept it even though they are not ready.
사업장 주인들은 준비가 되지 않았음에도 새로운 정책을 받아들여야 한다.

Smoking will be allowed only if those stores set up ventilated smoking booths that are completely separate from where food or drinks are served.

▶ 육하원칙에 따라 내용을 요약해보세요.

(Who)
(When)
(Where)
(What)
(Why)
(How)

▶ **모범답안**

(Who)   the shop owners 사업장 주인들은

(When)   (특별하게 언급되지 않음)

(Where)   at their shops 그들의 사업장에

(What)   should build the ventilated smoking booths
환기가 되는 흡연부스를 설치해야 한다

(Why)   to completely separate it from the non-smoking area
비흡연구역과 완전히 구분하기 위해

(How)   by setting up the booths
부스를 설치하여

The majority of cafes, which are expected to be most affected by the policy, are not willing to build separate smoking booths. The owner of a coffee shop in central Seoul said, "I'm going to lose so many customers from 2015, but I can't afford to turn the existing smoking area into a completely sealed off booth. So I'm changing it into a meeting room and will ban smoking in the cafe."

▶ 육하원칙에 따라 내용을 요약해보세요.

Who

When

Where

What

Why

How

▶ 모범답안

Who   the most of cafes 대부분의 카페들

When   (특별하게 언급되지 않음)

Where   (특별하게 언급되지 않음)

What   The shop owners are not willing to build the smoking booths.
흡연부스 설치를 탐탁지 않아 한다.

Why   The shop owners can't afford to remodel the existing smoking area into smoking booths.
현재 흡연구역을 흡연부스로 개조할 여건이 되지 않는다.

How   The shop owners change it into other purposes, banning smoking.
흡연을 금지하면서 다른 용도로 변경하다.

The news hasn't been welcomed by smokers, either. One patron who was smoking in a café said, "I used to go to cafes where I could smoke with my co-workers during lunch time, but it seems we need to find other places to smoke, probably the rooftop of our office building because people give us uncomfortable looks when we smoke on the street."

▶ 육하원칙에 따라 내용을 요약해보세요.

Who

When

Where

What

Why

How

▶ **모범답안**

Who smokers 흡연자들

When (특별하게 언급되지 않음)

Where in a café 카페에서

What Smokers are not in favor of the new policy.
흡연자들은 새로운 정책을 지지하지 않는다.

Why Smokers don't like people turn to look at them when smoking on the street.
흡연자들은 거리에서 담배를 필 때 사람들의 시선이 쏠리는 것을 싫어한다.

How to find an alternative place to smoke
대체할 다른 흡연장소를 찾다

Though the new policy is likely to have a huge impact on society, the government seems determined, maintaining that news of the ban has been out for a few years.

▶ 육하원칙에 따라 내용을 요약해보세요.

Who

When

Where

What

Why

How

PART 04

▶ **모범답안**

Who the government 정부

When (특별하게 언급되지 않음)

Where in our society 우리사회에

What The new policy greatly impact the society.
새 정책은 큰 파장을 일으킨다.

Why introduction of the new policy
새로운 정책의 도입

How The government just carries out and maintains the new policy.
정부는 새 정책을 시행하고 유지한다.

긴 글일수록 스토리 라인이 명확하게 드러나는 것이 특징입니다. 문단의 개수와 상관없이 큰 흐름으로 기억나는 내용으로 문단을 요약할 준비를 합니다. 단, 들은 단어를 반복하는 것이 아니라, 비슷한 의미의 단어나 표현들로 paraphrasing하는 것이 중요합니다.

Paragraph ❶

Who　the shop owners 사업장 주인들

When　from 2015 2015년부터

Where　all restaurants, cafes, or bars 모든 음식점, 카페, 바

What　entering into force the new policy of ban on smoking in their shops
사업장에서의 금연 정책의 시행

Why　(특별하게 언급되지 않음)

How　The shop owners have to accept it even though they are not ready.
사업장 주인들은 준비가 되지 않았음에도 새로운 정책을 받아들여야 한다.

▶ **핵심정보를 나타내는 문장**　　🔊 MP3 04-14

The new policy of ban on smoking came into force.
새로운 금연 정책이 발효되었다.

Paragraph ❷

Who　the shop owners 사업장 주인들은

When　(특별하게 언급되지 않음)

Where　at their shops 그들의 사업장에

What　should build the ventilated smoking booths 환기가 되는 흡연부스를 설치해야 한다

Why　to completely separate it from the non-smoking area
비흡연구역과 완전히 구분하기 위해

How　by setting up the booths 부스를 설치하여

▸ 핵심정보를 나타내는 문장　 **MP3** 04-15

The shops should build a separate smoking booth.
사업장은 별도로 분리된 흡연부스를 만들어야 한다.

Paragraph ❸

Who　the most of cafes 대부분의 카페들

When　(특별하게 언급되지 않음)

Where　(특별하게 언급되지 않음)

What　The shop owners are not willing to build the smoking booths.
흡연부스 설치를 탐탁지 않아 한다.

Why　The shop owners can't afford to remodel the existing smoking area into smoking booths.
현재 흡연구역을 흡연부스로 개조할 여건이 되지 않는다.

How　The shop owners change it into other purposes, banning smoking.
흡연을 금지하면서 다른 용도로 변경하다.

▸ 핵심정보를 나타내는 문장　 **MP3** 04-16

Building the smoking booth is viewed unfavorably by most shop owners.
대부분의 사업장 주인들은 별도의 흡연부스 만드는 것을 탐탁지 않아 한다.

Paragraph ❹

Who　smokers 흡연자들

When　(특별하게 언급되지 않음)

Where　in a café 카페에서

Smokers are not in favor of the new policy.
새로운 정책을 지지하지 않는다.

Smokers don't like people turn to look at them when smoking on the street.
흡연자들은 거리에서 담배필 때 사람들의 시선이 쏠리는 것을 싫어한다.

to find an alternative place to smoke
대체할 다른 흡연장소를 찾다

▶ **핵심정보를 나타내는 문장**　　　　　 **MP3 04-17**

The new policy are not favored by smokers, either.
새로운 정책은 흡연자들에게도 환영 받지 못한다.

Paragraph ❺

the government 정부

(특별하게 언급되지 않음)

in our society 우리사회에

The new policy greatly impact the society.
새 정책은 큰 파장을 일으킨다.

introduction of the new policy 새로운 정책의 도입

The government just carries out and maintains the new policy.
정부는 새 정책을 시행하고 유지한다.

▶ **핵심정보를 나타내는 문장**　　　　　 **MP3 04-18**

The government seems to push ahead with the new policy regardless of social effect.
정부는 사회적 파장과 관계없이 새로운 정책을 추진할 것으로 보인다.

출제될 문제 예상하기

앞에서 학습한 공략 단계에 따라 출제 가능한 문제를 살펴보고 답변 연습을 해보세요.

Please summarize this passage. You can listen to this twice.

In 2011, an entire city devoted to English education opened its gates on Jeju Island. The 3.8-million-square-meter Jeju English Education City was established near Seogwipo.

The development of the international education area was aimed at reducing the amount of foreign currency that leaves the country with the vast number of students going to study abroad. It also hoped to attract foreign students and become an education hub in Northeast Asia. Several local governments, including Gyeonggi Province, have been running English villages where students can learn English as a second language, but this was the first time a whole city has been planned.

Jeju International City Development Center is in charge of the project, and said it is costly. The plan includes the establishment of around 10 schools in total, including pre-kinder to high school, by 2021. There will also be other facilities such as cultural complexes and residential areas.

Construction began as early as the first half of 2009. The first three schools opened in 2011 and the rest will open gradually by 2021.

Paragraph ❶

In 2011, an entire city devoted to English education opened its gates on Jeju Island.The 3.8-million-square-meter Jeju English Education City was established near Seogwipo.

2011년, 영어교육에 힘썼던 전체 도시가 드디어 제주도에 그 문을 열었다. 380만 평방미터의 제주 영어 교육 도시가 서귀포 근처에 설립되었다.

모범답변

육하원칙으로 요약

Who   Jeju Island 제주도

When   In 2011 2011년에

Where   Near Seogwipo 서귀포 근처에

What   Opened Juje English Education City
제주 영어 교육 도시를 열었다

Why   (상세한 정보가 없음)

How   An entire city devoted to English education.
도시 전체가 영어교육에 노력을 기울였다.

핵심 문장   🔊 **MP3 04-20**

In 2011, Jeju Island opened Jeju English Education City near Seogwipo.
2011년, 제주도는 서귀포 근처에 제주 영어 교육 도시를 오픈하였다.

Paragraph ❷

The development of the international education area was aimed at reducing the amount of foreign currency that leaves the country with the vast number of students going to study abroad. It also hoped to attract foreign students and become an education hub in Northeast Asia. Several local governments, including Gyeonggi Province, have been running English villages where students can learn English as a second language, but this was the first time a whole city has been planned.

국제교육지구의 개발은 해외연수를 떠나는 많은 학생이 소비하는 엄청난 외화를 줄이고자 함이었다. 또한, 나아가 북동아시아에서 교육의 중심지가 되어 외국 학생 유치에도 희망을 걸어보기 위함이었다. 경기도를 비롯한 몇몇 지방자치단체도 학생들이 영어를 제2언어로 배울 수 있는 영어마을을 운영하고 있지만, 도시 전체가 계획되기는 이번이 처음이다.

 어휘

- development 개발
- reduce 줄이다
- study abroad 해외 유학하다
- English village 영어 마을
- be aimed at ~을 겨냥하다, ~을 목표로 하다
- foreign currency 외화
- hub 허브, 중심지
- whole 전체의
- vast 넓은, 많은
- run 운영하다

한 문장으로 요약해보기

모범답변

육하원칙으로 요약

 **Who** The development of the international education area 국제교육지구의 개발

When (상세한 정보가 없음)

 **Where** In Jeju Island 제주도에서

 **What** The entire city was planned for English education.
도시 전체가 영어교육을 위해 계획되다.

 **Why** To reduce the amount of foreign currency for spending in studying aboard
해외유학을 위한 엄청난 외화를 줄이기 위해

How By providing English education to Koreans and foreign students at the whole city
한국학생과 외국학생들에게 도시 전체에서 영어교육을 제공함으로써

핵심 문장   🔊 **MP3 04-21**

This development of English education area was designed to reduce the huge amount of foreign currency for spending in studying abroad, so Jeju Island decided to provide international education for Korean and foreign students at the whole city.

영어교육지구의 개발은 해외유학에서 소비되는 엄청난 금액의 외화를 줄이기 위해 계획되었으며, 제주도는 한국학생과 외국학생들을 위한 국제교육을 도시 전체에서 제공하기로 결정했다.

Jeju International City Development Center is in charge of the project, and said it is costly. The plan includes the establishment of around 10 schools in total, including pre-kinder to high school, by 2021. There will also be other facilities such as cultural complexes and residential areas.

제주 국제도시 개발센터는 이 프로젝트를 맡았으며, 비용이 많이 든다고 밝혔다.계획은 2021년까지 유치원부터 고등학교가 포함된 학교 약 10개의 설립이다. 또한 복합문화공간과 주택지역 등의 시설도 포함되어 있다.

- be in charge of ~에 책임을 지고 있다
- costly 많은 비용이 드는
- establishment 설립
- pre-kinder 유치원에 들어가기 전의 어린이들을 대상으로 하는 교육
- facilities 시설들
- cultural complex 문화복합단지
- residential 주택지의

한 문장으로 요약해보기

모범답변

육하원칙으로 요약

 **Who**   Jeju International City Development Center
제주 국제도시 개발센터

 **When**   By 2021 2021년까지

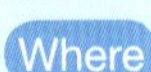 **Where**   In Jeju English Education City 제주 영어교육 도시에

What   Plans to establish around 10 schools and other facilities
약 10개의 학교와 기타 시설을 설립할 예정이다

 **Why**   (상세한 정보가 없음)

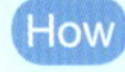 **How**   They are in charge of the project.
개발센터가 프로젝트를 맡고 있다.

핵심 문장   ◀» **MP3 04-22**

Jeju International City Development Center, which is responsible for the project, plans to establish around 10 schools and other facilities by 2021.

프로젝트를 맡고 있는 제주 국제도시 개발센터는 2021년까지 약 10개의 학교와 기타 시설을 설립할 예정이다.

Construction began as early as the first half of 2009. The first three schools opened in 2011 and the rest will open gradually by 2021.

공사는 2009년 상반기에 시작되었다. 세 개 학교는 2011년에 개교했으며, 나머지 학교는 2021년까지 순차적으로 개교할 예정이다.

 **어휘**

- construction 공사
- the first half 상반기
- gradually 점차적으로
- step by step 점차적으로

한 문장으로 요약해보기

모범답변

육하원칙으로 요약

Who Construction 공사

When In 2009 2009년에

Where In Jeju English Education City 제주 영어교육 도시

What Began in 2009 and will complete by 2021
2009년에 시작되었고, 2021년에 완료될 예정이다.

Why (특별하게 언급되어 있지 않음)

How The three schools opened in 2011, and the rest will open gradually.
세 개 학교는 2011년에 개교하였고, 나머지는 순차적으로 개교할 예정이다.

핵심 문장　　　　　　　　　　　　　　　　　　　　　　🔊 **MP3 04-23**

Construction started in 2009 and the three schools opened in 2011, and will complete by 2021 while the rest opening step by step.

공사는 2009년에 시작하여 세 개 학교가 2011년에 개교하였으며, 나머지 학교들은 순차적으로 개교하면서 2021년까지 완공할 예정이다.

장문 요약

요약 연습 〈3탄〉

마지막으로, 수집된 세부 정보의 핵심정보가 담긴 문장들만 모아, 긴 장문의 글을 요약할 수 있게 됩니다. 문단 별로 요약된 문장을 연결할 때 스토리의 흐름이 나타날 수 있는 접속사들을 잘 활용하여 보다 논리적으로 탄탄한 요약 답변을 작성할 수 있도록 합니다. 더불어, 고득점을 위해서는 같은 의미를 가진 접속사를 2~3가지 정리해 답변 시 번갈아 가며 활용할 수 있도록 암기해 두는 것도 팁입니다.

기출문제 살펴보기

 **MP3 04-24**

Please summarize this passage. You can listen to this twice.

다음 글을 요약하세요. 글은 두 번 들을 수 있습니다.

[스크립트] A growing number of Korean homeowners are wealthy on paper, but poor in practice. Burdened by mortgage repayments, these so-called "house poor," struggle to finance their day-to-day spending. Some experts estimates that there are about 570,000 potential loan defaulters - homeowners who spend more than 60 percent of their income servicing mortgage debt, across the nation.

The roots of the current problem go back to the local real estate boom of 2005~2007. According to a professor, "At the time, the global interest rate was very low. Also there was a lot of capital inflow to Korea and other Asian countries, probably due to the fear of real estate failure in the U.S. and European countries. So there was abundant liquidity in the Asia region."

This was followed by a big rise in self-employment and borrowing from high interest-charging financial institutions. "Many households had early retirement in their late 40s and 50s, so many of them opened up a small business," said a professor. "Then they used their home as collateral to borrow money. After the financial crisis, they had an increasing volume of loans from second-tier financial institutions, not the main commercial banks but the saving banks and credit unions and all that. And many of them are paying very high interest, like over 20 percent."

The President of Korea made tackling the house poor issue one of her priorities, outlining a number of measures to alleviate their debt burden.

증가하고 있는 한국의 주택소유자들은 이론상으로는 부자이지만, 실은 그렇지 않다. 소위 '하우스 푸어'라 불리는 담보대출 상환으로 부담을 지고 있는 사람들은 그날 벌어 그날을 힘겹게 살아가고 있다. 몇몇 전문가들은 전국적으로 약 570,000명의 잠재적인 대출금 체납자가 있을 것이라고 추정하고 있다. − 이들은 담보대출 빚을 갚는데 수입의 60%이상을 소비하는 주택소유자들을 말한다.

이러한 문제의 근원은 2005~2007년 지역 부동산 붐이 일어난 때로 돌아간다. 한 교수에 따르면, "당시, 세계적으로 금리가 매우 낮았습니다. 또한 한국과 아시아 국가로 많은 자본금 유입이 있었습니다. 아마도 미국과 유럽국가들에서의 부동산 실패에 대한 두려움 때문에 아시아 지역에 많은 유동성이 있었던 것 같습니다."

세계 경제 위기가 연달아 일어남으로 인해, 자영업이 크게 늘었고, 높은 금리를 부과하는 금융기관으로부터 대출을 받게 되었다. 교수는 "많은 가정이 40대 후반이나 50대에 조기 퇴직을 하면서 자영업을 시작했습니다."라고 말했다. "그리고 대출을 받기 위해 집을 담보로 사용했죠. 경제 위기 후, 제1금융기관이 아닌 저축은행, 신용조합 등 모든 제2금융기관으로부터 늘어난 만큼의 대출을 받았습니다. 대부분이 20%나 되는 높은 금리를 갚고 있습니다."

한국 대통령은 채무 부담을 경감시키기 위한 많은 방법을 세우면서, 하우스 푸어 이슈를 정책 우선 순위로 삼고 해결을 위해 노력했다.

 면접관의 마음 훔치기

공략 Step 1 문단별 핵심정보가 담기도록 문단 단위로 요약하라.

각 문단의 핵심정보를 담는 한 문장으로 작성합니다. 육하원칙의 정보를 한 문장으로 담는 것도 중요하지만, 그렇지 않은 경우, 여러 개의 문단 정보가 연결되었을 때 전체적인 글의 요지가 드러나도록 핵심정보를 분명히 언급하는 문장으로 반드시 요약해야 합니다.

Paragraph ❶

A growing number of Korean homeowners are wealthy on paper, but poor in practice. Burdened by mortgage repayments, these so-called "house poor," struggle to finance their day-to-day spending. Some experts estimates that there are about 570,000 potential loan defaulters - homeowners who spend more than 60 percent of their income servicing mortgage debt, across the nation.

▸ 핵심정보  MP3 04-25

According to experts, there will be about many potential loan defaulters in Korea, so-called "House poor" who spend more than 60% of their income on mortgage repayments.

전문가들에 따르면, 한국에 많은 잠재적인 대출 체납자가 있을 것이다. 이들은 소위 "하우스 푸어"라고 불리며, 담보대출 상환에 수입의 60%이상을 지출하고 있는 사람들이다.

Paragraph ❷

The roots of the current problem go back to the local real estate boom of 2005-2007. According to a professor, "At the time, the global interest rate was very low. Also there was a lot of capital inflow to Korea and other Asian countries, probably due to the fear of real estate failure in the U.S. and European counties. So there was abundant liquidity in the Asia region."

▸ 핵심정보  MP3 04-26

The beginning of problem was local real estate boom in 2005-2007, caused by the fear of global real estate market failure.

문제의 시작은 2005~2007년 세계적인 부동산 시장 실패에 대한 두려움이 원인이 된 지역 부동산 붐 때문이었다.

This was followed by a big rise in self-employment and borrowing from high interest-charging financial institutions. "Many households had early retirement in their late 40s and 50s, so many of them opened up a small business," said a professor. "Then they used their home as collateral to borrow money. After the financial crisis, they had an increasing volume of loans from second-tier financial institutions, not the main commercial banks but the saving banks and credit unions and all that. And many of them are paying very high interest, like over 20 percent."

▶ 핵심정보  MP3 04-27

Many households, which have early retirees, borrowed money using their houses as collateral for their own business at high interest.
조기 퇴직자가 있는 가정에서 자영업을 위해 집을 담보로 높은 이자로 돈을 빌렸다.

The President of Korea made tackling the house poor issue one of her priorities, outlining a number of measures to alleviate their debt burden.

▶ 핵심정보  MP3 04-28

President of Korea considered house poor issue as a priority and looked for diverse ways.
한국 대통령은 하우스 푸어 이슈를 우선과제로 삼고 다양한 방법을 모색했다.

각 문단의 핵심정보를 담은 문장은 시간의 순서에 따라, 논리의 흐름에 따라 배치한 뒤, 다양한 접속사를 사용하여 연결해줍니다.

Paragraph ❶

According to experts, there will be about many potential loan defaulters in Korea, so-called "House poor" who spend more than 60% of their income on mortgage repayments.

전문가들에 따르면, 한국에 많은 잠재적인 대출 체납자가 있을 것이다. 이들은 소위 "하우스 푸어"라고 불리며, 담보대출 상환에 수입의 60%이상을 지출하고 있는 사람들이다.

Paragraph ❷

The beginning of problem was local real estate boom in 2005-2007, caused by the fear of global real estate market failure.

문제의 시작은 2005~2007년 세계적인 부동산 시장 실패에 대한 두려움이 원인이 된 지역 부동산 붐 때문이었다.

Paragraph ❸

Many households, which have early retirees, borrowed money using their houses as collateral for their own business at high interest.

조기 퇴직자가 있는 가정에서 자영업을 위해 집을 담보로 높은 이자로 돈을 빌렸다.

Paragraph ❹

President of Korea considered house poor issue as a priority and looked for diverse ways.

한국 대통령은 하우스 푸어 이슈를 우선과제로 삼고 다양한 방법을 모색했다.

According to experts, there will be about many potential loan defaulters in Korea, so-called "House poor" who spend more than 60% of their income on mortgage repayments. At the time, many households, which have early retirees, borrowed money using their houses as collateral for their own business at high interest. Hence, President of Korea considered house poor issue as a priority and looked for diverse ways.

전문가들에 따르면, 한국에 많은 잠재적인 대출 체납자가 있을 것이다. 이들은 소위 "하우스 푸어"라고 불리며, 담보대출 상환에 수입의 60% 이상을 지출하고 있는 사람들이다. 문제의 시작은 2005~2007년 세계적인 부동산 시장 실패에 대한 두려움이 원인이 된 지역 부동산 붐 때문이었다. 당시, 조기 퇴직자가 있는 가정에서 자영업을 위해 집을 담보로 높은 이자로 돈을 빌렸다. 이에, 한국 대통령은 하우스 푸어 이슈를 우선과제로 삼고 다양한 방법을 모색했다.

🔍 출제될 문제 예상하기

앞에서 학습한 공략 단계에 따라 출제 가능한 문제를 살펴보고 답변 연습을 해보세요.

Please summarize this passage. You can listen to this twice.

In October, 2015, China's Communist Party is abandoning its controversial one-child policy. They announced that all couples in China were allowed to have two children. UN experts say, "From a human-rights perspective, this is very good news. But it would hardly have a major long-term effect on population growth in modern China, where many women are now more concerned about jobs and careers than having a large family."

The one-child policy was introduced in 1979 to stop excessive population growth, at a time when China's society was much less urbanized than it is today, and women were having 2.8 children on average. It was thought to have prevented 400 million births in a nation that now numbers 1.4 billion. Still, it has been relaxed in recent years: couples in which one partner comes from a one-child family are allowed to have a second child if they want, for example.

The ending of the one-child rule was not unexpected, experts say. Low birth rates in countries such as Japan and Germany are leading to an ageing population, raising concerns over the mounting costs of social welfare and health systems. China's decision seems to have been prompted by similar worries.

Chinese women currently have an average of 1.5 children over their lifetime - a birth rate that is higher than those of nations such as Germany and Japan, according to the latest UN estimates. Current UN projections have China's birth rate increasing to 1.7 by mid-century. UN experts estimate that the world population, currently about 7 billion, is continuing to grow but at a slower pace.

In October, 2015, China's Communist Party is abandoning its controversial one-child policy. They announced that all couples in China were allowed to have two children. UN experts say, "From a human-rights perspective, this is very good news. But it would hardly have a major long-term effect on population growth in modern China, where many women are now more concerned about jobs and careers than having a large family."

2015년 10월, 중국 공산당은 논쟁이 되던 한 자녀 정책을 폐지했다. 당국은 중국의 모든 가정은 두 아이를 가질 수 있다고 공표했다. UN 전문가들은 "기본 인권의 관점에서, 이는 매우 좋은 소식입니다. 그렇다고 해서 많은 여성이 대가족과 화합을 이루는 것보다 직업이나 경력에 더 관심을 가지고 있는 현대 중국사회에서 인구 증가에 주요한 장기적인 영향을 끼치지 않을 것입니다."라고 말했다.

한 문장으로 요약해보기

**어휘**

- communist party 공산당
- controversial 논란이 많은
- human rights 인권
- hardly 거의 ~않는
- long-term 장기의
- population growth 인구 증가
- reconcilable 조화를 이루는, 조정할 수 있는

- abandon 버리다, 그만두다
- be allowed to ~하도록 허락되다
- perspective 관점
- major 주요한, 주된
- have effect on ~에 영향을 끼치다
- be concerned about ~에 관심을 가지다
- large family 대가족

핵심 정보　　　　　　　　　　　　　　　　　　　　　🔊 **MP3 04-31**

In 2015, China made an announcement of abandoning its one-child policy.
2015년 중국은 한 자녀 정책을 폐지하겠다고 공표했다.

The one-child policy was introduced in 1979 to stop excessive population growth, at a time when China's society was much less urbanized than it is today, and women were having 2.8 children on average. It was thought to have prevented 400 million births in a nation that now numbers 1.4 billion. Still, it has been relaxed in recent years: couples in which one partner comes from a one-child family are allowed to have a second child if they want, for example.

한 자녀 정책은 1979년 과도한 인구 증가를 막기 위해 도입되었다. 당시 중국사회는 오늘날보다 훨씬 덜 도시화되어 있었다. 여성들은 평균 2.8명의 자녀를 가지고 있었다. 현재 인구 14억의 국가에서 4억의 출생을 막을 수 있다고 평가되었다. 하지만, 최근에는 완화되었다. 예를 들어, 한 자녀 가구로부터 태어난 자녀들이 부부가 되어, 원한다면 두 번째 아이를 가질 수 있게 된 것이다.

한 문장으로 요약해보기

어휘

- excessive 과도한, 지나친
- on average 평균으로
- prevent 막다, 예방하다
- number (숫자 등이) 총 ~가 되다
- urbanized 도시화된
- be thought to ~로 평가되다
- birth 출생

핵심 정보

🔊 **MP3 04-32**

The one-child policy was introduced to prevent overpopulation, but now it has eased off.

한 자녀 정책은 인구과잉을 막기 위해 도입되었으나, 현재는 완화되었다.

The ending of the one-child rule was not unexpected, experts say. Low birth rates in countries such as Japan and Germany are leading to an ageing population, raising concerns over the mounting costs of social welfare and health systems. China's decision seems to have been prompted by similar worries.

전문가들은 한 자녀 정책의 결말은 예상된 것이라고 말했다. 일본이나 독일과 같은 국가들의 낮은 출산율은 사회 복지나 의료 시스템의 비용증가에 대한 우려를 일으키면서 인구 노령화를 야기시키고 있다. 중국의 결정은 비슷한 우려에 의해 촉진되었던 것으로 보인다.

한 문장으로 요약해보기

 **어휘**

- ending 결말, 종료
- birth rate 출산율
- ageing population 인구 노령화
- mounting cost 비용증가
- be promoted by ~에 의해 촉진되다
- unexpected 예상치 못한
- lead to ~을 야기시키다
- raise concerns 우려를 일으키다
- social welfare 사회복지

핵심 정보　　　　　　　　　　　　　　🔊 **MP3 04-33**

China seems to be apprehensive of low birth rates that bring many concerns to the society like an ageing population.

중국이 인구 노령화와 같은 많은 문제를 가져오는 낮은 출산율을 우려한 것으로 보인다.

Chinese women currently have an average of 1.5 children over their lifetime - a birth rate that is higher than those of nations such as Germany and Japan, according to the latest UN estimates. Current UN projections have China's birth rate increasing to 1.7 by mid-century. UN experts estimate that the world population, currently about 7 billion, is continuing to grow but at a slower pace.

최근 UN의 추정에 따르면, 현재 중국 여성들은 평생 평균 1.5명의 자녀를 가진다. 이러한 출산율은 독일과 일본보다 높다. 현 UN의 예상은 중국의 출산율이 반세기 안에 1.7로 증가하게 될 것이라고 한다. UN 전문가들은 현재 70억 정도 되는 전 세계 인구가 계속적으로 증가하고 있지만, 매우 느린 속도로 이루어진다고 보기 때문이다.

한 문장으로 요약해보기

어휘
- an average of 평균의
- over one's lifetime ∼의 일생 동안
- according to ∼에 따르면
- estimate 추정치/추정하다
- projection 예상, 추정
- mid-century 반세기
- continue to ∼를 계속하다
- at a pace ∼의 페이스로

핵심 정보　　　　　　　　　　　　🔊 **MP3 04-34**

According to UN projections, with the abolishment of one-child policy, China's birth rate would increase currently 1.5 to 1.7 children by mid-century.

UN의 예상에 따르면, 한 자녀 정책의 폐지로 중국의 출산율은 반세기 안에 현 1.5명에서 1.7명으로 증가할 것이다.

 전체 요약　　　　　　　　　　　　　　　　　　 MP3 04-35

In 2015, China made an announcement of abandoning one-child policy. Originally, the one-child policy was introduced to prevent overpopulation, but now it has eased off. China seems to be apprehensive of low birth rates that bring many concerns to the society like an ageing population. According to UN projections, with the abolishment of one-child policy, China's birth rate would increase currently 1.5 to 1.7 children by mid-century.

2015년 중국은 한 자녀 정책을 폐지하겠다고 공표했다. 원래, 한 자녀 정책은 인구과잉을 막기 위해 도입되었으나, 현재는 완화되었다. 중국이 인구 노령화와 같은 많은 우려를 가져오는 낮은 출산율을 우려한 것으로 보인다. UN의 예상에 따르면, 한 자녀 정책의 폐지로 중국 출산율은 반세기 안에 현 1.5명에서 1.7명으로 증가할 것이다.

FINAL TEST

실전 테스트

FINAL TEST

Q1 What is your specific role in your team? What are your responsibilities?

1-1 Is there any challenge you've been faced with? Please describe it in detail.

1-2 How did you overcome the challenge?

Q2 **What is the latest technology you use on a daily basis?**

2-1 **How has the technology changed your life? Please give some examples.**

2-2 **What are the negative aspects of the technology?**

FINAL TEST

Q3 Which one do you like? Why do you like it?

____

____

____

3-1 What are the health benefits of having a pet at home?

____

____

____

3-2 Are there any social issues related to pets in your country? Please describe in detail.

____

____

____

Q4 Please summarize this passage. You will listen to this passage twice.

4-1 What do you think of expanding IoT technology into our life?

4-2 If you could apply this technology to one of your appliances, what would you choose?

FINAL TEST ANSWERS

모범답안 및 해설

 **Q1** What is your specific role in your team? What are your responsibilities?

당신의 팀에서 당신의 구체적인 역할은 무엇입니까? 당신의 책임은 무엇인가요?

🔊 **MP3 05-02**

My specific role in my team is manager of the sales department. I am responsible for ensuring that the sales team meets its monthly and quarterly goals. If people on my team are not on track to meet their quota, I provide them with suggestions and strategies to improve. In addition to these responsibilities, I conduct meetings with major potential clients and make presentations to them about the benefits of our services compared to our competitors. I also attend meetings and write reports, keep my managers up-to-date on the department's week-to-week activities, and participate in team dinners with my co-workers to improve our communication and performance as well. Those are my roles in my team and my responsibility at work.

 **해석**

팀 내에서 제 구체적인 역할은 영업부장입니다. 저는 영업팀이 월별 목표와 분기별 목표를 맞추도록 하고 책임을 집니다. 만약 팀원들이 할당량을 맞추지 못하면, 저는 개선하기 위해 제안과 계획을 그들에게 줍니다. 이 업무들 이외에도 저는 주요한 잠재 고객들과 회의를 진행하고, 그들에게 경쟁사와 비교한 우리 서비스의 이점에 대해 프레젠테이션을 합니다. 또한 저는 회의에 참석하고 보고서를 쓰고, 제 상사에게 최근 부서의 매주 활동을 보고하며, 팀원들과의 소통과 성과를 향상시키기 위해 회식에도 참석합니다. 이것이 팀 내에서 제 역할이고 회사에서 저의 책임입니다.

 **어휘**

- role 역할
- ensuring 확실하게 하다
- quota 할당량
- suggestion 제안
- conduct 수행하다
- up-to-date 최근의
- be responsible for ~에 책임이 있다
- on track 제대로 진행되고 있는
- provide 제공하다
- strategy 계획, 전략
- potential client 잠재고객
- week-to-week 매주

 Is there any challenge you've been faced with? Please describe it in detail.

당신이 직면한 어떤 도전이 있나요? 자세히 묘사해주세요.

🔊 **MP3 05-03**

Yes, I have been faced with challenges. A few months ago, the sales quota for my department was 5,000 units by the end of the 2nd quarter, but there was a downturn in the economy. With one week to go in the quarter we still had 700 more units to sell. No one had ever sold that many units in just one week before, but my team and I worked a lot of overtime and we sold almost all of them. It was a serious challenge to face, but I learned that sometimes you can achieve the impossible when you put in a lot of work.

 네, 저는 도전에 직면한 적이 있습니다. 몇 달 전 저희 부서의 영업 할당량은 2분기 말까지 5,000개였지만 경제가 하락세에 있었습니다. 분기의 일주일을 남겨두고 우리는 여전히 700개를 더 팔아야 했습니다. 아무도 일주일을 남겨두고 그렇게 많은 수를 판매한 적이 없었습니다. 그러나 저희 팀과 저는 많은 초과근무를 했고 거의 모두를 팔았습니다. 그것은 직면한 심각한 도전이었지만, 저는 많은 일을 하면 가끔은 불가능도 성취할 수 있다는 것을 배웠습니다.

- challenge 도전
- by the end of the 2nd quarter 2분기 말까지
- sell 팔다
- be faced with ~에 직면하다
- downturn 감소
- achieve 달성하다

당신은 어떻게 그 도전을 극복했나요?

🔊 **MP3 05-04**

I overcame the challenge by believing in myself and pushing my limits. I was at the extreme limit of my endurance, and felt incredibly stressed. However, since I am a manager, I knew I had to set a good example for my team so that they would stay motivated. So, I always stayed in the office at least as late as they did, and made as many phone calls as they did, and in the end we were all motivated together to hit that target. It went very well in the end, but it was a great challenge to get there.

저는 제 자신을 믿고 한계로 밀어붙이면서 극복했습니다. 저는 인내심에 극심한 한계를 느꼈고 믿기 어려울 정도로 스트레스를 받았습니다. 그러나 제가 부장이기 때문에 제 팀에 동기부여를 유지하기 위해 모범을 보여야 한다는 것을 알았습니다. 그래서 저는 항상 그들이 늦게까지 있는 만큼 사무실에 머물렀고, 그들이 전화를 거는 만큼 걸었고, 마침내 우리는 함께 그 목표를 맞추기 위한 동기부여가 되었습니다. 결국 일은 잘 진행되었지만, 그것은 그러한 결과에 다다르기 위한 거대한 도전이었습니다.

- overcome 극복하다
- push 밀다, 밀어붙이다
- endurance 인내
- motivated 의욕을 가진, 동기가 부여된
- in the end 마침내, 결국
- believe in myself 나 자신을 믿다
- limit 한계
- set a good example 좋은 모범을 보이다
- at least 적어도, 최소한
- go well 잘 진행되다

Q2 What is the latest technology you use on a daily basis?
당신이 매일 사용하는 최신 기술은 무엇인가요?

🔊 **MP3 05-05**

The latest technology I use on a daily basis is my smartphone. It is an all-in-one device that has replaced many of the technologies I used in the past. I can read my e-mails, send messages to my team, and look up information online. It doesn't matter where I am or what I need to do, because I can do almost anything with my smartphone. Even if there is a work emergency I can just use it. Probably half of the work I do every day is on my smartphone. On top of that, I can also listen to music or watch videos, and even shop online. It is the most comfortable and convenient technology I have ever used. That's the latest technology that I use on a daily basis.

제가 매일 사용하는 최신 기술은 스마트폰입니다. 이것은 일체형 기기로, 제가 전에 사용했던 많은 기술들을 대체했습니다. 저는 이메일을 읽고, 제 팀에게 메시지를 보내고, 많은 정보를 온라인에서 찾을 수 있습니다. 제가 어디에 있던 무엇을 할 필요가 있는지는 상관이 없습니다. 왜냐하면 저는 거의 모든 것을 스마트폰으로 할 수 있기 때문입니다. 만약 급한 업무가 있더라도 스마트폰으로 처리할 수 있습니다. 아마 매일 반 이상의 업무는 스마트폰으로 합니다. 게다가 저는 음악을 듣고, 비디오를 보고, 온라인 쇼핑을 할 수 있습니다. 이것은 제가 사용해본 것 중 가장 편하고 편리한 기술입니다. 그게 제가 매일 사용하는 최신 기술입니다.

- all-in-one device 일체형 기기
- look something up ~을 찾아보다
- on top of that 그밖에, ~외에
- convenient 편리한
- replace 대신하다, 대체하다
- half of ~의 절반
- comfortable 편안한
- on a daily basis 매일

 **2-1** How has the technology changed your life? Please give some examples.

테크놀로지가 당신의 삶을 얼마나 바꾸었습니까? 예를 들어주세요.

◀)) **MP3 05-06**

My smartphone has changed my life a lot. Before they became a commonly used technology or widely accepted, I did most of my work on a PC in the office or I had to bring my laptop with me. Since I can access the Internet with my smartphone, I am able to use it to work anywhere or anytime I need to. It has also changed my lifestyle. I no longer need to go shopping at a department store because I can just buy everything online. Also, I communicate with people much easier than before because of the messenger and SNS apps on my smartphone. It has made major changes in the way I live. The smartphone is the most convenient and comfortable technology I've ever used. And like I said before, it has changed my life a lot. Its functionality is just unbeatable.

 스마트폰은 제 삶을 많이 바꾸었습니다. 스마트폰이 일반적으로 사용되기 전에는 대부분의 일을 사무실에서 컴퓨터로 하거나 노트북을 가지고 다녔습니다. 스마트폰으로 인터넷에 접속할 수 있게 되면서 언제 어디서나 필요 시 스마트폰을 사용하여 일을 할 수 있습니다. 또한, 스마트폰은 제 라이프 스타일을 많이 바꾸었습니다. 저는 더이상 백화점에 쇼핑을 하러 갈 필요가 없습니다. 왜냐하면 모든 것을 온라인에서 바로 살 수 있기 때문입니다. 또한 스마트폰의 메신저나 SNS 앱으로 전보다 훨씬 쉽게 사람들과 소통할 수 있습니다. 그것은 제 삶의 방식에 큰 변화를 만들었습니다. 스마트폰은 제가 사용했던 다른 것들보다 최고로 편리하고 편한 테크놀로지입니다. 그리고 앞서 말씀 드렸듯이 그것은 제 삶을 많이 바꾸었습니다. 그것의 기능성은 능가할 수 없습니다.

- widely accepted 일반적으로 받아들여지는
- no longer 더 이상 ~가 아닌
- convenient 편리한
- functionality 기능성
- access 접속하다
- communicate 의사소통을 하다
- comfortable 편안한
- unbeatable 능가할 수 없는

 **2-2** What are the negative aspects of the technology?
테크놀로지의 부정적인 측면은 무엇인가요?

◀))) **MP3 05-07**

There are many negative aspects about smartphones in our society. I'll tell you about privacy, loneliness, and social skills. First of all, people have much less privacy than they used to. Not only can people reach us any time of the day or night, but it also enables corporations and governments to monitor our location or Internet activity. This makes it harder to remain anonymous. Secondly, in social situations, people can focus entirely on their smartphones rather than interact with the people right in front of them. I think this alienates people from one another and increases feelings of loneliness. Because of those things, human relationships suffer and some people don't learn proper social skills. They are able to avoid human contact almost entirely, which leads to a lack of empathy as well as an increase in selfishness. I think advanced technology helps our lives in many ways but at the same time there are these unexpected side effects. These are just a few of the negative aspects of smartphones that I can think of. We should all work on making these situations better.

 우리 사회에는 스마트폰에 대한 부정적인 측면이 많이 있습니다. 저는 사생활, 외로움, 그리고 사교 능력에 대해 이야기하겠습니다. 첫째로, 사람들은 전에 그들이 가졌던 사생활보다 훨씬 더 적은 사생활을 가지고 있습니다. 사람들은 낮이든 밤이든 언제든 연락을 받을 수 있을 뿐만 아니라 기업들과 정부는 우리의 위치나 인터넷활동을 감시할 수 있습니다. 이는 익명으로 남기는 것을 더 어렵게 만듭니다. 두 번째로, 사회적인 상황에서 사람들은 바로 앞의 사람들과 부딪히는 것보다 스마트폰에 완전히 집중할 수 있습니다. 제 생각에 이것은 사람들을 서로 멀어지게 만들고 외로운 기분을 증가시킵니다. 이러한 것들 때문에 인간관계는 고통받고, 어떤 사람들은 제대로 된 사교 능력을 배우지 못합니다. 그들은 거의 모든 인간의 접촉을 피할 수 있고, 이는 감정이입의 부족으로 이어지며 이기심을 증가시킵니다. 제 생각에 발전된 테크놀로지는 여러모로 우리의 삶을 돕지만 동시에 예상치 못한 부작용들도 있습니다. 이것들이 제가 생각해낼 수 있는 스마트폰의 부정적인 측면들입니다. 우리는 이 상황이 나아질 수 있도록 노력해야 합니다.

- privacy 사생활
- not only but also ~뿐만 아니라 ~도
- corporation 기업
- remain anonymous 익명으로 남다
- one another 서로
- lead to ~로 이어지다
- selfishness 이기적임
- side effect 부작용

- loneliness 외로움
- reach 연락하다
- government 정부
- rather than ~보다는
- suffer 고통 받다
- lack of ~이 부족하다
- in many ways 여러모로
- work on ~에 노력을 들이다

- social skill 사교능력
- enable ~을 할 수 있게 하다
- monitor 감시하다
- alienate 멀어지게 만들다
- proper 제대로 된
- empathy 감정이입, 공감

Q3 Which one do you like? Why do you like it?

사진 속 동물 중 어느 동물을 좋아하나요? 왜 좋아하나요?

🔊 **MP3 05-08**

I like a dog more than a cat, for several reasons. First of all, dogs are more loyal than cats. A dog will always be excited for you when you come home, and try to make their owner happy, but a cat seems not to care. They just eat their food and sleep in the sunshine. Another reason I prefer dogs to cats is dogs are require outdoor activity. You can do many things with your dog, like simple outdoor activities. On top of that, dogs need to go for walks every day, so it helps their owner get fresh air and exercise so it is more active, playful and fun. Cats should never go outside since they eat wild birds, so they don't do anything to improve your health or well-being. For those reasons, among others, I like dogs better than cats. I would even call myself a dog person.

 **해석**

저는 몇 가지 이유로 고양이보다 개를 더 좋아합니다. 첫째로, 개들은 고양이들보다 더 충성스럽습니다. 개는 당신이 집에 오면 항상 들떠있고 주인을 행복하게 만들려고 노력하지만, 고양이는 신경 쓰지 않는 것 같습니다. 고양이들은 그저 음식을 먹고 햇볕에서 잠을 잡니다. 제가 고양이보다 개를 선호하는 다른 이유는, 개들은 야외활동을 필요로 하기 때문입니다. 당신은 개와 단순한 야외활동을 포함해 많은 것들을 할 수 있습니다. 그밖에 개는 매일 산책이 필요하고, 이는 주인이 운동도 하고 신선한 공기를 마실 수 있도록 돕습니다. 그래서 더 활동적이고 재미있고 즐겁습니다. 고양이는 야생 새들을 잡아먹기 때문에 밖에 나가면 안됩니다. 그렇기 때문에 당신의 건강한 생활에 도움될 것이 없습니다. 이런 이유들로 저는 고양이보다 개를 더 좋아합니다. 저는 제 자신을 애견인이라고 부릅니다.

 **어휘**

- loyal 충성스러운
- seem ~인 것 같다
- require 필요로 하다
- go for a walk 산책하러 가다
- dog person 애견인
- be excited 들뜨다
- prefer 선호하다
- on top of that 그밖에
- among others 그 중에서도

 **3-1** What are the health benefits of having a pet at home?

집에 애완동물을 키우는 것은 건강에 어떤 이득이 있나요?

🔊 **MP3 05-09**

There are quite a few health benefits of having a pet at home, such as exercise, companionship and safety. For starters, when you have a pet to take care of, you end up being much more activity and getting more exercise. Having to take your dog for a walk means you get a great deal of exercise that you might not have gotten if you didn't have a dog at all. And it is kind of fun to play with them. Secondly, a pet in the house means there is always a companion to keep you company. Even if someone lives alone, studies show that having a pet dramatically increases their mood and well-being. Last but not least, dogs are well-known to be a good deterrent against potential thieves, and can even warn their owner about a fire. Clearly, having a pet can give you many different health benefits.

 집에 애완동물을 키우는 것은 운동, 우정, 그리고 안전과 같은 건강에 도움이 되는 몇 가지가 있습니다. 우선 첫째로, 돌봐야 하는 애완동물이 있다면 당신은 훨씬 더 활동적이고 많은 운동을 하게 됩니다. 개를 산책시킨다는 것은 개가 없다면 전혀 하지 않았을 운동을 하는 좋은 일입니다. 그리고 개와 재미있게 논다는 것이기도 합니다. 두 번째로, 집에 애완동물이 있다는 것은 무언가 항상 당신 곁에 친구로 있어 준다는 뜻입니다. 만약 혼자 산다면 애완동물이 있다는 것은 극적으로 그들의 행복과 기분을 상승시켜준다는 것을 연구가 보여줍니다. 마지막으로, 그렇지만 역시 중요한 것은 개들은 잠재적인 도둑을 제지하고 맞서는 것으로 잘 알려져 있습니다. 그리고 화재 시 주인에게 경고할 수 있습니다. 분명히 애완동물을 키우는 것은 많은 건강의 이득을 줍니다.

- companionship 우정, 동료애
- for starters 우선 첫째로
- end up 결국 ~이 되다
- at all 전혀
- dramatically 인상적으로, 극적으로
- well-being (건강과)행복
- well-known to ~에게 잘 알려진
- against ~에 맞서
- thieves 도둑들
- clearly 분명히

- safety 안전함
- take care of ~을 돌보다
- activity 활동
- keep somebody company ~의 곁에 있어 주다
- mood 기분
- last but not least 마지막으로, 하지만 역시 중요한
- deterrent 제지하는 것
- potential 잠재적인
- warn 경고하다

 **Are there any social issues related to pets in your country? Please describe in detail.**

당신의 나라에 애완동물과 관련된 사회적 이슈가 있나요? 자세히 말해주세요.

◀) MP3 05-10

There are a few social issues related to pets in my country. I'll tell you about one of them. One of the biggest issues with pets in my country is abandonment. Unfortunately, many people are not aware how much responsibility it is to have a pet. They buy an adorable puppy from the pet store and soon learn that they have to deal with lots of things like cleaning, fur, taking them for walks, house training, and noise. Personally my family and I really want to have a dog but we are too busy and don't have enough space, so we can't do it. Consequently, I hope that people only get pets if they are ready to take all the responsibilities and have another family member to love. Because there is never a good reason to abandon a pet.

 우리나라에는 애완동물과 관련된 사회적 이슈가 몇 가지 있습니다. 저는 그 중 하나에 대해 이야기하겠습니다. 애완동물과 관련된 가장 큰 사회적 이슈 중 하나는 유기입니다. 유감스럽게도 많은 사람이 애완동물을 키우는 것이 얼마나 많은 책임을 가지는지 알지 못합니다. 그들은 애완동물 가게에서 귀엽고 사랑스러운 강아지를 삽니다. 그리고 곧 그들은 청소나 동물의 털, 산책시키기, 집안 훈련과 소음들을 감당해야 한다는 것을 배웁니다. 개인적으로 저희 가족과 저는 강아지를 키우기를 정말 원하지만 우리는 너무 바쁘고 충분한 공간이 없기 때문에 키울 수 없습니다. 결과적으로 저는 사람들이 모든 책임을 질 준비와 한 명의 사랑하는 가족을 맞이할 준비가 된 사람들만 애완동물을 키우기를 바랍니다. 왜냐하면 애완동물 유기에는 어떠한 좋은 이유도 없기 때문입니다.

- abandonment 유기
- responsibility 책임
- deal with something ~을 처리하다
- house training 집안 훈련
- aware 알고 있는
- adorable 귀여운, 사랑스러운
- fur (동물의) 털

The Internet of Things (IoT) is a system of interrelated computing devices, mechanical and digital machines, objects, animals or people that are provided with unique identifiers and the ability to transfer data over a network without requiring human-to-human or human-to-computer interaction.

A thing, in the Internet of Things, can be a person with a heart monitor implant, a farm animal with a biochip transponder, an automobile that has built-in sensors to alert the driver when tire pressure is low -- or any other natural or man-made object that can be assigned an IP address and provided with the ability to transfer data over a network.

IoT has evolved from the convergence of wireless technologies, micro-electromechanical systems(MEMS), micro services and the Internet. The convergence has helped tear down the silo walls between operational technology(OT) and information technology(IT), which has allowed unstructured machine-generated data to be analyzed for insights that will drive improvements.

사물인터넷은 특이한 고유 식별자와 사람과 사람, 혹은 사람과 컴퓨터의 상호작용을 필요함 없이 네트워크로 데이터를 전송하는 능력이 제공되는 컴퓨터 장치, 기계장비와 디지털 기계, 동물들 혹은 사람들과 연결된 시스템이다.

그것은 이식된 심장모니터를 가진 사람, 바이오칩 무선응답기를 가진 가축, 타이어 공기압이 낮을 때 운전자에게 알리기 위한 센서가 내장된 자동차가 될 수 있다. —혹은 아이피 주소가 할당되고 네트워크로 데이터를 전송할 수 있는 능력을 가진 다른 자연물이나 사람이 만들 물건.

사물인터넷은 무선기술과 미세 전자 · 기계 시스템, 마이크로 서비스와 인터넷의 융합으로부터 발달하였다. 융합은 운영(조작)기술과 정보통신기술 사이의 사일로(silo) 벽을 파괴하는데 도움이 되었고, 그것은 통찰력을 위해 분석되기 위한 비구조화된 머신 생성 데이터를 받아들였고 그것은 개선을 추진(촉진)할 것이다.

- IoT 사물인터넷
- computing devices 컴퓨팅장치
- digital machine 디지털 기계
- identifier 식별자(데이터의 항목을 식별하고 데이터의 성질을 표시하기 위해 사용하는 문자의 집합)
- interaction 상호 작용
- built-in 내장된
- tire pressure 타이어 공기압
- man-made object 인간이 만든 물건
- evolve 발달하다
- wireless technology 무선기술
- micro-electromechanical systems 미세 전자 · 기계 시스템
- tear down ~을 파괴하다
- silo 사일로(곡식 · 목초 등을 저장하기 위한 탑 모양의 건축물)
- silo wall 사일로 벽
- information technology 정보 통신 기술
- analyze 분석하다
- interrelated 서로 연결되어 있는
- mechanical machine 기계장비
- object 물건
- require 필요로 하다
- alert ~에 경보를 발하다
- natural object 자연물
- assigned 할당된
- convergence 융합
- operational technology 운영(조작) 기술
- unstructured 체계가 없는

요약   🔊 MP3 05-11

The Internet of Things → What/Who is a recently developed technology system installed inside many commonly used objects around the world → Where. These linked objects communicate information with each other without humans → Why in order to improve data and performance for many tasks → Why. To accomplish this, each device is given a unique identifier and can transfer data over a network → How.

해석   사물인터넷은 최근에 개발된 기술 시스템으로 전 세계적으로 널리 사용되는 많은 물건에 설치되었습니다. 링크된 물건들은 다양한 작업을 위한 데이터 및 성능을 향상시키기 위해 인간 없이 서로 정보를 통신합니다. 이를 달성하기 위해 각 장치에는 고유한 식별자가 주어지며 네트워크를 통해 데이터를 전송할 수 있습니다.

어휘   • commonly 일반적으로   • in order to ~위하여   • performance 성능

 **MP3 05-12**

I think expanding IoT technology into our life is a serious mistake. We have already lost a great deal of privacy since the technological innovation of the Internet. It is impossible to predict what might happen if there was an IoT breakthrough. Personally, I have already given Internet connected devices a shot and have been greatly disappointed. For example, my home entertainment center is connected to the Internet and is supposed to be able to stream music and movies. However, if the Internet is slow, or the software is out-of-date, it becomes an extreme hassle to watch or listen to anything. If the Internet goes down unexpectedly, I completely lose access to entertainment. I don't want other appliances I rely on every day to have similar problems. In summary, I don't think we should expand IoT technology into our life.

 제 생각에 우리 삶의 사물인터넷의 확장은 심각한 실수입니다. 인터넷 기술의 혁신 이후 우리는 이미 많은 사생활을 잃었습니다. 만약 사물인터넷의 획기적인 발명이 있었다면 무슨 일이 일어날지에 대해 예측하는 것은 불가능합니다. 개인적으로, 저는 이미 인터넷 연결을 해보았고 큰 실망을 했습니다. 예를 들면, 제 가정용 오락기기들은 인터넷에 연결되어 있고, 그것은 음악과 영화를 재생할 수 있게 되어있습니다. 그러나 만약 인터넷이 느리거나 소프트웨어가 구식이면 무엇을 듣거나 보는 것은 굉장히 귀찮고 번거로운 일이 됩니다. 만약 예상치 못하게 인터넷이 멈추면 저는 완전히 오락거리와의 접근을 잃습니다. 저는 매일 제가 의지하는 다른 가전제품들에 같은 문제를 원하지 않습니다. 요컨대, 저는 사물인터넷이 우리의 삶으로 확장되지 말아야 한다고 생각합니다.

- expanding 확장
- predict 예측하다, 예견하다
- give it a shot 한번 해보다
- be supposed to be able to ~할 수 있게 되어있다
- out-of-date 낡은, 시대에 뒤떨어진, 유효 기간이 지난
- hassle 귀찮은 일, 번거로운 일
- unexpectedly 뜻밖에, 예상외로
- rely on ~에 기대다, 의존하다
- innovation 혁신
- breakthrough 돌파구, 획기적인 발명
- home entertainment center 가정용 오락기기
- go down (작동이) 중단되다
- appliances 가전제품
- In summary 요컨대, 요약하면

 **4-2** If you could apply this technology to one of your appliances, what would you choose?

만약 당신은 하나의 가전제품에 이 기술을 적용할 수 있다면 무엇을 고르겠습니까?

🔊 **MP3 05-13**

If I could apply this IoT technology to one of my appliances, I would choose my car. A car that can keep track of its location and the location of other cars around it would be infinitely safer. Even if the car couldn't drive itself, it might be able to stop quickly to avoid an accident. Better yet, the computer in the vehicle might be able to communicate with other vehicles and use AI cognition to avoid traffic or even make traffic obsolete altogether. Over time, perhaps the AI could evolve to the point where drivers could be obsolete, too. I would love to be able to get into a private vehicle and relax while an intelligent machine did all the work. If the IoT technology was good enough, transportation around the world would be revolutionized.

 만약 하나의 기기에 이 기술을 적용할 수 있다면 저는 제 차를 선택하겠습니다. 차는 스스로의 위치와 그 주변 차들의 위치는 기록할 수 있고, 그것은 대단히 안전할 것입니다. 차 스스로 운전을 할 수 없다고 하더라도 사고를 방지하기 위해 빠르게 멈추는 것은 가능할 것입니다. 더 좋은 것은, 차 안의 컴퓨터는 다른 차들과 소통을 할 수 있고, 인공지능 인식으로 교통체증을 피하거나 교통체증을 사라지게 할 수도 있습니다. 언젠가는 아마 인공지능이 운전자 역시 한물간 구식으로 만드는 시점으로 발달할 수 있습니다. 저는 개인 차량에 타서 컴퓨터가 모든 일을 하는 동안 쉴 수 있으면 정말 좋을 것입니다. 만약 사물인터넷 기술이 충분히 발전하면 세계의 교통수단은 크게 변화될 것입니다.

- apply 적용하다
- keep track of ~을 기록하다
- It might be able to 그것은 ~할 수 있을 것이다
- better yet 더 좋은 것은
- AI (artificial intelligence) 인공 지능
- obsolete 한물간, 구식의, 사라진
- over time, 언젠가는
- get into ~에 들어가다, 타다
- revolutionize 대변혁을 일으키다, 급격한 변화를 가져오다

- appliance 기기
- infinitely 대단히
- avoid 방지하다
- vehicle 차량, 탈 것, 운송수다
- cognition 인식, 인지
- altogether 완전히, 전적으로
- evolve 서서히 발달하다
- intelligent machine 컴퓨터의 애칭

SPA 초단기 트레이닝